DAXUESHENG ANQUAN JIAOYU

□ 本书是2020年海南省高校思想政治工作中青年骨干队伍建设项目和第三批（2023年）海南省高校"三全育人"综合改革试点项目（承扬·践行——"党建引领 德技并修 专创融合 精准服务"培育新时代工匠品质人才（院系））资助完成的阶段性成果。

大学生安全教育

主　编　许昌斌　符兴干
副主编　吴多清　方亿群　林尤伟　许　娟
参　编　（按姓氏笔画排序）
　　　　王　利　尹　航　尹嫦春　皮　琼
　　　　李　超　李国建　张雨歆　赵　勇
　　　　赵宏阳　钟清云　黄　磊　章家鑫
　　　　颜红叶

华中科技大学出版社
http://press.hust.edu.cn
中国·武汉

内容提要

本教材遵循教育部印发的《大中小学国家安全教育指导纲要》，根据高校面临的复杂安全教育形势和多元安全教育需求，从国家安全、心理健康、财产安全、金融安全、公共卫生安全、生命安全、网络安全、实习就业安全八个方面，采用知识图解的形式，通过思维导图、情境漫画、教学视频、知识测验等展开知识教学，旨在培养大学生的自我保护意识和自我防范能力。

本教材逻辑清晰，形式新颖，图文并茂地展示了安全教育知识，不仅便于学生理解、教师教学，而且增强了安全教育的科学性、实用性和趣味性。本教材适合作为普通高等院校的安全教育通用教材，同时可作为各行业的安全教育学习读物。

图书在版编目（CIP）数据

大学生安全教育 / 许昌斌，符兴干主编 . -- 武汉：华中科技大学出版社，2024.9. -- ISBN 978-7-5680-4716-6

Ⅰ . G645.5

中国国家版本馆 CIP 数据核字第 2024X0F235 号

大学生安全教育　　　　　　　　　　　　　　　　　　　许昌斌　符兴干　主编
Daxuesheng Anquan Jiaoyu

策划编辑：	项　薇
责任编辑：	鲁梦璇
封面设计：	廖亚萍
责任校对：	阮　敏
责任监印：	周治超
出版发行：	华中科技大学出版社（中国·武汉）电话：（027）81321913
	武汉市东湖新技术开发区华工科技园邮编：430223
录　　排：	华中科技大学惠友文印中心
印　　刷：	武汉科源印刷设计有限公司
开　　本：	787mm×1092mm　1/16
印　　张：	14.5
字　　数：	338 千字
版　　次：	2024 年 9 月第 1 版第 1 次印刷
定　　价：	69.80 元

本书若有印装质量问题，请向出版社营销中心调换
全国免费服务热线：400-6679-118　　竭诚为您服务
版权所有　侵权必究

前　言

学校安全是社会安全的重要组成部分，大学生作为社会的新生力量，他们的安全问题关乎整个社会的稳定与发展，加强大学生安全教育对于个人、学校乃至整个社会都具有重要意义。

随着社会经济的发展和高等教育的变革，高校的安全教育环境日益复杂。近年来，高校火灾、溺水、坠楼、网络诈骗、毒品侵害、传染病传播等安全事故频发。一个个触目惊心的案例，一场场令人痛心的悲剧，引发了社会的高度关注，高校的安全教育迫在眉睫。安全教育不仅仅是传授知识，更重要的是培养大学生的自我保护意识和能力。高校应高度重视学生的安全教育，以立德树人为根本任务，坚持底线思维，注重多元化和个性化引导，因地制宜地开展安全教育工作，引导学生自觉将安全理论知识应用到实际学习生活和实践活动中，以增强安全教育的科学性和针对性。

本教材根据高校面临的复杂安全教育形势和多元安全教育需求，系统梳理高校安全教育的类型，从国家安全到生命安全，从心理健康到实习就业安全，涵盖了大学生可能面临的各类安全风险防范的知识和技能。每一章节都分层分类设定安全教育目标，遴选典型安全案例，图文并茂地展示安全教育知识，使读者能够全面深入地认识安全问题的本质和学习应对安全问题的方法。书中还提供了各类与安全相关的法律条文，增设知识测验等教学内容，以增强教材的实用性，提升学生的学习兴趣。本教材内容的主要特点如下：

（1）内容丰富，体例精简。本教材共有八个章节，基本涵盖了高校学生安全的方方面面，帮助学生将知识应用到实践中，提升安全意识和能力。本教材精简了文字内容，插入了思维导图、漫画等内容，让知识以多形式呈现，满足学生个性化的学习需求。

（2）逻辑清晰，方式新颖。本教材各章节安全知识以思维导图的形式呈现，逻辑清晰，把分散的知识点连成线、结成网，使知识系统化、规律化、结构化，便于学生理解和记忆。各章节中插入漫画、图示、视频等，便于教师开展多元化教学。

（3）案例新颖，立足本土。本教材遴选了本土的典型案例，尤其是发生在近期、学生熟知的安全案例，富有地域特点，增加"远离走私"安全教育内容，帮助学生能够结合生活实际，学有所思，学有所用。

（4）目标分类，循序渐进。本教材各章节设定学习目标和素养目标等多层次教学目标，循序渐进导入安全知识点，有利于增强学生的安全意识，提高其防范安全风险的能力。

（5）数字资源，助力教学。本教材编写团队邀请了师生代表精心拍摄配套教学视频，以二维码形式呈现，方便学生随时随地学习，辅助课堂教学。

本教材编写团队由高校一线教师、学生工作者以及后勤保障部门的教职工共同完成，并充分采纳了广大师生的意见和建议，以增强安全教育的科学性、实用性和趣味性。同时，本教材还得到了海南鑫之合科技有限公司陈石礼及公司同事在插画、视频等艺术创作方面给予的大力支持。在此，对所有为本教材付出辛勤努力的专家学者和支持者表示衷心的感谢！

本教材是 2020 年海南省高校思想政治工作中青年骨干队伍建设项目和第三批（2023 年）海南省高校"三全育人"综合改革试点项目（承扬·践行——"党建引领 德技并修 专创融合 精准服务"培育新时代工匠品质人才（院系））资助完成的阶段性成果。

因编写团队的能力水平有限，书中内容如有不妥之处，请专家学者和读者批评指正。我们会不断修订完善，确保内容的准确性和实用性。

许昌斌
2024 年 7 月 1 日于海口

目　　录

绪论 …………………………………………………………………………… 1

第一章　国家安全 …………………………………………………………… 5

第二章　心理健康 …………………………………………………………… 13
 第一节　心理健康　科学防护 ………………………………………… 14
 第二节　心理韧性　挫折应对 ………………………………………… 25
 第三节　珍爱生命　危机干预 ………………………………………… 36

第三章　财产安全 …………………………………………………………… 47
 第一节　识别传销　科学防范 ………………………………………… 48
 第二节　加强管理　安全防盗 ………………………………………… 62
 第三节　拒绝诱惑　防范诈骗 ………………………………………… 74

第四章　金融安全 …………………………………………………………… 89
 第一节　珍惜生活　远离走私 ………………………………………… 90
 第二节　珍惜信用　理性借贷 ………………………………………… 99

第五章　公共卫生安全 ……………………………………………………… 113
 第一节　校内饮食　安全为先 ………………………………………… 114
 第二节　重视传染病　远离传染源 …………………………………… 126
 第三节　拒毒禁毒　自身做起 ………………………………………… 138

第六章　生命安全 …………………………………………………………… 149
 第一节　关注消防　预防火灾 ………………………………………… 150
 第二节　珍爱生命　谨防溺水 ………………………………………… 157
 第三节　体育运动安全 ………………………………………………… 163
 第四节　校内活动安全 ………………………………………………… 174
 第五节　校外活动安全 ………………………………………………… 184

第七章 网络安全 193

第一节 警惕信息泄露 维系网络安全 194

第二节 谨防电信网络诈骗 199

第三节 捍卫说话权利 拒绝网络暴力 204

第八章 实习就业安全 211

参考文献 219

绪 论

2020年7月，某校五名学生考完试后到假日海滩烧烤园吃烧烤、喝酒，酒后骑电动车返校。途经西秀海滩路段时，其中一辆电动车被路沟卡了一下，随后撞到树木后摔车。车上一名学生也因此被抛出车座摔到路面，头部严重受伤，经抢救才得以脱离生命危险，另一名驾车学生受轻伤。

2019年6月，某校学生宿舍楼402寝室失火，失火面积为20平方米左右。因救火及时，火灾未造成更大损失。调查结果显示，失火原因为该寝室的学生使用吹风机后没有关掉电源，导致吹风机长时间工作，持续高热，最终引燃棉被。

2024年1月，刘某在海口家中刷微信时，被一陌生人拉进一微信群聊。群内有人一直发红包，刘某抢到了20元红包。随后，群内有一陌生人称下载一款名为"CREED"的App便能获得更多红包。刘某按照对方指引，点击链接下载了该App，注册账号后，有一客服与其联系，称想要赚取更多佣金需要完成相应任务，而只有向客服提供的银行账户充值钱款才能获得任务，对方称之后会全款返还并支付30%返利佣金。刘某为获得返利佣金，便向对方提供的银行账户转账，其转账3000元后，对方又称须按规定提现才能获得返利佣金，充值最低要10000元。刘某为提现和获得30%返利，再次向对方提供的银行账户转账10000元。接着，对方继续以出账单为由让刘某继续转账，刘某遂意识被骗并报案，共计被骗13000元。

"安全重于泰山"，这是大家的共识，一切漠视生命的态度和做法都是极端错误的。有效地开展安全教育工作，维护稳定有序的校园环境，确保学生生命财产安全，已成为新形势下构建和谐平安校园的一项紧迫任务。因此，加强大学生安全教育，提高大学生安全防范意识，使其掌握安全防护基本知识，对于大学生顺利完成学业有着重大意义。

一、大学生安全教育的必要性

（一）加强大学生安全教育，是形势需要

当前高校管理方式社会化，校园与社会相互交叉、相互渗透。社会上的一些不法分子通过网络诈骗、盗窃、抢劫等犯罪活动，直接影响学校的安全稳定；交通安全同样存在较大的隐患，校园内、社会上的人流、车流错综复杂，有些人的交通安全意识淡薄，稍有疏忽，容易导致交通事故；社会分化程度不断提高，人们生活节奏明显加快，部分学生会出现心理问题，若这些问题没有及时解决，就会导致心理方面疾病，可能诱发违纪、违法、犯罪和

自我伤害。因此，加强大学生安全教育，提高大学生的安全防范能力，可以在一定程度上避免各类安全问题，维护社会安全和稳定。

（二）加强大学生安全教育，是社会需要

大学生安全教育，是指根据国家相关法律法规、学校的安全规章纪律对学生进行教育，通过安全教育增强学生法治观念，提高安全意识，维护大学生生命财产安全，确保校园安全稳定。大学生是祖国未来的希望，是未来社会的中坚力量。由于缺乏社会经验、安全防范意识和法律知识，大学生遇到各种安全问题不能正确应对和处置。因此，加强大学生安全教育，提高大学生安全防范能力，有利于减少校园安全事故，营造和谐稳定的社会环境。

（三）加强大学生安全教育，是自我需要

近年来，各地各校发生了不少大学生意外伤害事故，事发原因各式各样，但总结后有一个共同点，即当事者对事故的发生没有心理防范和自我保护意识。当前大学生自我防范意识薄弱、自我保护意识不强，主要存在两方面的原因。一是缺乏社会经验，对社会上存在的不良风气不能理性认识，社会锻炼少，自我防范能力较弱，导致容易上当受骗。比如，网络诈骗、诱导吸毒、不遵守交通规则等。二是缺乏安全防范意识，有些大学生安全意识薄弱，对可能发生的安全问题缺乏必要的重视和警惕。如贵重物品保管欠缺妥当；人离开宿舍后不锁门；在宿舍私拉电线、使用违规电器、吸烟乱丢烟头等。

二、本教材关于安全教育的主要内容

（一）总体国家安全观

《中华人民共和国宪法》第五十三条规定，中华人民共和国公民必须遵守宪法和法律，保守国家秘密。《中华人民共和国宪法》第五十四条规定，中华人民共和国公民有维护祖国的安全、荣誉和利益的义务，不得有危害祖国的安全、荣誉和利益的行为。国家安全与我们的工作和生活息息相关，国家安全是人民幸福安康的前提，是国家生存与发展的重要保障，是社会稳定的前提。

（二）安全知识和防范技能教育

当代大学生虽然具有较强的独立自主意识，但社会经验不足，安全知识储备匮乏，自我保护意识薄弱，易出现被骗、被盗、被抢、人身安全受侵害等情况。随着大学校园日趋社会化，学校由过去的相对独立、相对封闭状态转变为全方位开放状态，与外界的联系愈加密切，对大学生进行防盗、防骗、防火、防抢劫、防事故、防网络犯罪等安全方面的教育更加必要。大学生通过这方面的学习，可以掌握生活常识和必要的安全防范知识，增强安全防范意识和能力，实现"我要安全"到"我会安全"的转变。

本教材的内容涉及国家安全、心理健康、财产安全、金融安全、公共卫生安全、生命安全、网络安全、实习就业安全等。

三、大学生安全教育的基本方法

（一）完善大学生安全教育课程体系

本教材结合大学生自身的特点与学校工作实际，从课程章节的设置、课程实施、评价考核等方面构建完整的大学生安全教育课程体系，规范大学生安全教育。本课程内容具有可操作性，可结合主题班会、学生自学的方式进行学习，通过课后的教育贴士、知识测验来巩固安全知识。

本教材内容旨在根据安全教育的方向，有针对性地进行安全教育，将学生的学习成果纳入班主任和辅导员考核，为大学生的安全保驾护航。

（二）加强安全教育专职队伍建设，保证教学效果

在安全教育工作中，须建立一支专职队伍。通过提高专职队伍的素质，增强安全工作的预判敏锐性，正确对待心理健康、财产安全、生命安全等的难点问题，让安全教育知识进班级、进宿舍。通过制定系统的安全教育课程，采取有效的教育途径、方法、方式，科学地引导大学生学习安全知识。

（三）完善安全管理制度

安全管理制度是实现依法依规办学的保障，是校园安全防范体系的重要组成部分。要完善相关的安全管理制度，充分发挥大学生自我教育、自我管理和自我服务的作用，按照有关规章制度，把安全责任落实到部门，落实到人，明确责任，让人人关心安全问题，让学生直接参与学校的安全管理，使学生切实感受到安全的重要性。

第一章

国家安全

思维导图

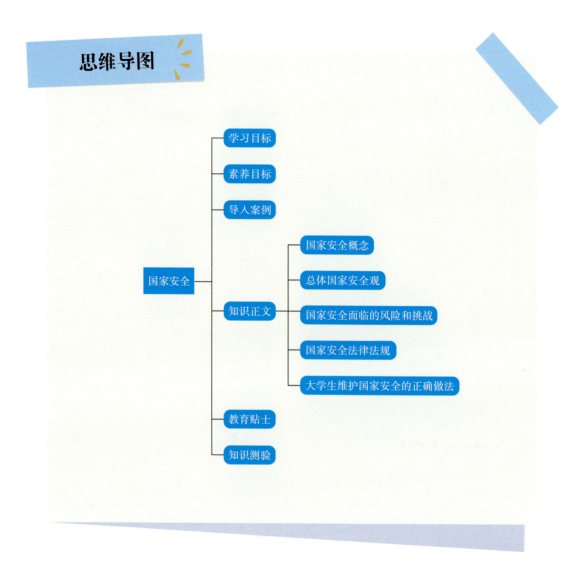

一、学习目标

通过本节课的学习,学生能够掌握国家安全的概念,了解总体国家安全观的内容,理解维护国家安全的意义,学习掌握涉及国家安全的基本法律法规常识。

二、素养目标

激发学生的爱国热情,增强学生维护国家安全的意识。

三、导入案例

四、知识正文

（一）国家安全概念

《中华人民共和国国家安全法》第二条明确规定：

> **国家安全** 是指国家政权、主权、统一和领土完整、人民福祉、经济社会可持续发展和国家其他重大利益相对处于没有危险和不受内外威胁的状态，以及保障持续安全状态的能力。

如今的国家安全是个"大安全"概念，既包括国家面临的国内和国际安全形势、威胁等客观意义上的安全，也包含国民对安全的感知程度、政治情绪和历史记忆等主观意义上的安全。

（二）总体国家安全观

1. 总体国家安全观概念

总体国家安全观，就是要坚持以人民安全为宗旨，以政治安全为根本，以经济安全为基础，以军事、科技、文化、社会安全为保障，以促进国际安全为依托，统筹外部安全和内部安全、国土安全和国民安全、传统安全和非传统安全、自身安全和共同安全，统筹维护和塑造国家安全，夯实国家安全和社会稳定基层基础，完善参与全球安全治理机制，建设更高水平的平安中国，以新安全格局保障新发展格局。

2. 总体国家安全观首次提出的时间及涉及的安全领域

2014年4月15日，习近平总书记在中央国家安全委员会第一次会议上首次提出总体国家安全观。此后，党的十九大明确把坚持总体国家安全观列入新时代坚持和发展中国特色社会主义基本方略，党的二十大报告中再次强调了这一点。总体国家安全观涵盖涉及国家核心利益和重大利益的各领域的安全，包含16个领域的安全问题。

16个领域的安全问题：即政治安全、国土安全、军事安全、经济安全、文化安全、科技安全、社会安全、网络安全、生态安全、资源安全、生物安全、核安全、海外利益安全、太空安全、深海安全、极地安全。

总体国家安全不是多个领域安全的简单叠加，而是一张布满有机链条的网络，不同领域的安全相互之间具有联动性，要增强忧患意识，加强防范风险能力，统筹兼顾各领域安全。

3. 总体国家安全观"五大要素"和"五对关系"

"五大要素" 即以人民安全为宗旨,以政治安全为根本,以经济安全为基础,以军事、科技、文化、社会安全为保障,以促进国际安全为依托。

"五对关系" 即重视外部安全和内部安全,重视国土安全和国民安全,重视传统安全和非传统安全,重视自身安全和共同安全,重视安全问题和发展问题。

（三）国家安全面临的风险和挑战

当前,世界正经历百年未有之大变局,在新一轮的科技革命和产业变革的推动下,经济全球化、科技全球化趋势不可逆转,但霸权主义、单边主义、贸易保护主义依然存在,地区安全热点问题此起彼伏。在实现中华民族伟大复兴的征程中,我国面临的传统安全问题和非传统安全问题相互交织,"黑天鹅"事件和"灰犀牛"事件层出不穷,各种敌对势力持续对我国进行渗透、破坏、颠覆、分裂活动,"三股势力"（暴力恐怖势力、宗教极端势力、民族分裂势力）严重影响着国家安全,我国面临的安全形势日趋复杂,国家安全内涵和外延比历史上任何时候都要丰富。

（四）国家安全法律法规

1. 与国家安全密切相关的法律法规

《中华人民共和国宪法》《中华人民共和国刑法》《中华人民共和国国家安全法》《反分裂国家法》《中华人民共和国反恐怖主义法》《中华人民共和国反间谍法》《中华人民共和国国家情报法》《中华人民共和国境外非政府组织境内活动管理法》《中华人民共和国网络安全法》《中华人民共和国核安全法》等。

2. 公民履行维护国家安全义务的相关法律法规条款

《中华人民共和国宪法》：

第五十二条规定,中华人民共和国公民有维护国家统一和全国各民族团结的义务。
第五十四条规定,中华人民共和国公民有维护祖国的安全、荣誉和利益的义务,不得有危害祖国的安全、荣誉和利益的行为。

第五十五条规定，保卫祖国、抵抗侵略是中华人民共和国每一个公民的神圣职责。

《中华人民共和国国家安全法》：

第十一条第一款规定，中华人民共和国公民、一切国家机关和武装力量、各政党和各人民团体、企业事业组织和其他社会组织，都有维护国家安全的责任和义务。

第七十七条规定，公民和组织应当履行下列维护国家安全的义务：（一）遵守宪法、法律法规关于国家安全的有关规定；（二）及时报告危害国家安全活动的线索；（三）如实提供所知悉的涉及危害国家安全活动的证据；（四）为国家安全工作提供便利条件或者其他协助；（五）向国家安全机关、公安机关和有关军事机关提供必要的支持和协助；（六）保守所知悉的国家秘密；（七）法律、行政法规规定的其他义务。任何个人和组织不得有危害国家安全的行为，不得向危害国家安全的个人或者组织提供任何资助或者协助。

《中华人民共和国反间谍法》：

第七条规定，中华人民共和国公民有维护国家的安全、荣誉和利益的义务，不得有危害国家的安全、荣誉和利益的行为。一切国家机关和武装力量、各政党和各人民团体、企业事业组织和其他社会组织，都有防范、制止间谍行为，维护国家安全的义务。

（五）大学生维护国家安全的正确做法

01 自觉学习和遵守宪法、法律法规关于维护国家安全的有关规定，提升安全防范意识，严格履行维护国家安全的法律义务。

02 坚持底线思维，维护国家安全。当发现危害国家安全的行为时，应及时制止，并拨打全国国家安全机关举报电话12339举报。

03 向国家安全机关、公安机关和有关军事机关提供必要的支持和协助。

04 自觉保守所知悉的国家秘密，增强反间防谍意识，积极应征入伍，主动参与国防建设，维护国家安全。

05 以身作则，积极向身边的亲友宣传国家安全知识及维护国家安全的重要意义。

五、教育贴士

警示：大学生要不断增强"四个意识"，坚定"四个自信"，做到"两个维护"，增强法律意识和国家安全意识，不与不法分子来往，不从事任何危害国家安全的事，敢于同危害国家安全的行为作斗争，积极配合国家安全机关开展工作。

六、知识测验

1. 国家安全是指国家_____、_____、_____和_____、人民福祉、经济社会可持续发展和国家其他重大利益相对处于没有危险和不受内外威胁的状态，以及_____的能力。

2. 总体国家安全观最早是_____年_____月_____日提出的。

3. 国家安全法规定，每年_____月_____日为全民国家安全教育日。

4. 国家安全包含以下哪些领域的安全？（　　）
A. 政治安全　　B. 国土安全　　C. 军事安全　　D. 经济安全
E. 文化安全　　F. 社会安全　　G. 科技安全　　H. 信息安全
I. 生态安全　　J. 资源安全　　K. 核安全

5. 总体国家安全观的"五大要素"是指以_____为宗旨，以_____为根本，以_____为基础，以_____为保障，以_____为依托。
A. 政治安全　　B. 经济安全　　C. 人民安全　　D. 军事、科技文化、社会安全
E. 国际安全

6. 总体国家安全观的"五对关系"是指重视_____和_____，重视_____和_____，重视和_____，重视_____和_____，重视_____和_____。

A. 外部安全　　B. 内部安全　　C. 国土安全　　D. 国民安全

E. 传统安全　　F. 非传统安全　G. 自身安全　　H. 共同安全

I. 安全问题　　J. 发展问题

7. 危害国家安全的"三股势力"是指_____势力、_____势力和_____势力。

教学视频

第二章

心理健康

第一节　心理健康　科学防护

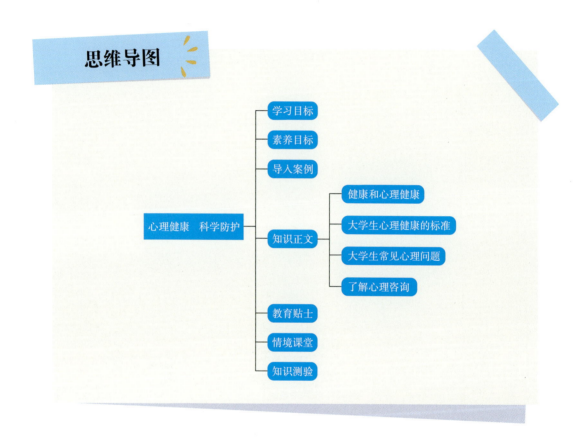

一、学习目标

通过本节课的学习，学生能够了解心理健康的含义以及标准，提升维护心理健康的意识，了解大学生常见的心理问题以及应对心理问题的方法，了解心理咨询，学会主动求助，积极应对心理问题。

二、素养目标

培养学生理性平和、积极健康的心态，树立学生身心健康的生活理念和态度。

三、导入案例

四、知识正文

（一）健康和心理健康

世界卫生组织对"健康"的定义如下：健康是一种身体上、精神上和社会适应上的完好状态，而不是没有疾病及虚弱现象。世界卫生组织对健康的定义与我们传统的理解有明显区别，即健康包含了三个基本要素：①躯体健康；②心理健康；③具有社会适应能力。其中，具有社会适应能力是国际上公认的心理健康首要标准。全面健康包括躯体健康和心理健康两大部分，两者密切相关，缺一不可，无法分割。

国内外专家学者从多个角度对心理健康的概念进行了深入研究。1946年召开的第三届国际心理卫生大会将心理健康定义为：在身体、智能及情感上与他人的心理健康不相矛盾的范围内，将个人心境发展成最佳的状态。世界心理卫生联合会则将心理健康定义为：身体、智力、情绪十分调和，适应环境，人际关系中彼此能谦让，有幸福感，在工作和职业中能充分发挥自己的能力，过着有效率的生活。

人本主义心理学家马斯洛将心理健康概括为十个方面。

01 有足够的自我安全感

02 能保持良好的人际关系

03 善于从经验中学习

04 生活理想切合实际，不脱离周围现实环境

05 能保持人格的完整与和谐

06 能充分地了解自己，并能恰当评估自己的能力

07 能适度地宣泄情绪和控制情绪

08 在符合集体要求的前提下，能有限度地发挥个性

09 在不违背社会规范的前提下，能适当地满足个人的基本需求

我国学者王效道等认为心理健康具有如下特征。

01 智力水平处在正常值范围内，并能正确反映事物

02 心理和行为特点与生理年龄基本相符

03 社会适应，主要是人际关系的心理适应

04 积极与情境适应，心理与行为协调一致

05 情绪稳定

06 行为反应适度，与刺激情境相适应

07 不背离社会行为规范，在一定程度上能实现个人动机并使合理要求获得满足

08 自我意识与自我实际基本相符，"理想我"和"现实我"之间的差距不大

综上所述，我们对心理健康的定义如下。

| 广义的心理健康 | 指一种高效且满意的、持续的心理状态。在这种状态下，人能做出良好的反应，具有生命的活力，而且能发挥其心身潜能。 |

| 狭义的心理健康 | 指人的心理活动和社会适应良好的一种状态，是人的基本心理活动协调一致的过程，即认识、情感、意志、行为、人格完整和协调。 |

（二）大学生心理健康的标准

综合国内外专家学者的观点，张伯源等心理专家曾提出了八条大学生心理健康标准。

1. 了解自我，悦纳自我

一个心理健康的人能够感受到自己存在的价值，既能了解自己又能接受自己，有自知之明；对自己的能力、性格和优缺点都能做出恰当、客观的评价；不会对自己提出苛刻的期望与要求；制定切合实际的生活目标；努力挖掘自身的潜能，面对自己无法弥补的缺陷，也能安然调整心态，积极应对。

2. 接受他人，善与人处

心理健康的人乐于与人交往，不仅能接受自我也能接受他人，悦纳他人，认可别人存在的重要性和作用。他们能为他人所理解，为他人和集体所接受，能与他人相互沟通和交往，人际关系和谐；在集体中无孤独感；在与人相处时，积极的态度（如同情、友善、信任、尊敬等）总是多于消极的态度（如猜疑、嫉妒、畏惧、敌视等），因而在社会生活中有较强的适应能力和较充足的安全感。相比之下，心理不健康的人总是与集体和周围的人格格不入。

3. 正视现实，接受现实

心理健康的人能够正视现实，接受现实。他们往往可以能动地去适应现实，进一步改造现实，而不是逃避现实；对周围事物和环境能进行客观的认知和评价，并与现实环境保持良好接触；既有远大的理想，但又不会沉湎于不切实际的幻想与奢望。他们对自己充满信心，并能妥善处理生活、学习和工作中的各种困难和挑战。心理不健康的人往往以幻想代替现实，不敢面对现实，没有足够的勇气去接受现实的挑战；总是抱怨自己"生不逢时"或责怪社会环境对自己不公，因而无法正确认识现实环境。

4. 接受生活，乐于工作

心理健康的人能珍惜和热爱生活，积极投身于工作之中，充分体验其中的乐趣，从不将其视为负担。他们在工作中尽可能地展现自己的个性和聪明才智，并从工作中获得满足和激励；同时也能在工作中学习、积累各种有用的信息、知识和技能，并随时能运用这些储备解决新问题，克服各种各样的困难，使自己的行动更高效，工作更有成效。

5. 协调和控制情绪，心境良好

心理健康的人通常拥有愉快、乐观、开朗、满意的积极情绪，虽然也会有忧、愁、怒等，但一般持续时间不会长久。同时，他们能够适度地表达和控制自己的情绪，喜不狂，忧不绝，胜不骄，败不馁，谦而不卑，自尊自重，在社会交往中既不妄自尊大，也不退缩畏惧，对于无法得到的东西不过于贪求，争取在社会的允许范围内满足自己的各种需要。他们对于自己能得到的一切感到满意，总是开朗、乐观的。

6. 人格完整和谐

心理健康的人，其人格结构包括气质、能力、性格，以及理想、信念、动机、兴趣、人生观等各方面能平衡发展。这样的人格使得他们能以完整、协调、和谐的精神面貌展现自己。他们思考问题的方式是合理的，待人接物时常常会采取恰当的态度，对外界刺激不会有极端的情绪和行为反应，能够与他人的步调一致，也能和集体融为一体。

7. 心理行为符合年龄特征

在人的生命发展的不同年龄阶段，都有相对应的不同的心理行为表现，从而形成不同年龄阶段独特的心理行为模式。心理健康的人应具有与同年龄多数人相符合的行为特征。如果一个人的心理行为经常严重偏离自己的年龄特征，一般都是心理不健康的。

（三）大学生常见心理问题

大学生常见的心理问题如下。

1. 环境适应问题

环境适应问题在大一新生中较为常见。面对全新的大学生活，学生可能会出现心理适应不良。生活环境对一个人来说是千变万化的，大学生从家庭到学校，再从学校到社会，这种角色变化是成熟的主要原因，能不能完成角色转换是大学生能不能继续适应生活的关键。进入大学后，大学生在自我认知、人际交往等方面都需要进行全面的调整和适应。环境适应问题广泛存在于生活能力、自理能力以及对挫折的心理承受能力等方面。

2. 学习问题

大学生常见的学习问题主要表现为学习目的问题、学习动力问题、学习方法问题、学习态度问题，以及学习成绩问题等方面。大学期间，学习往往不再如高中阶段那样得到绝大多数人的重视，大学生的学习目的不明确、动力不足、态度不端正是产生学习问题的主要原因。

3. 人际关系问题

如何与周围的同学友好相处，建立和谐的人际关系，是大学生要学习和研究的一个重要课题。同高中阶段相比，大学生对人际关系问题的关注程度超过了学习，人际关系问题也成为大学生心理问题的主要来源之一。人际关系问题常常表现为难以和别人愉快相处、没有知心朋友、缺乏必要的交往技巧、过分委曲求全等，以及由此而引起的孤单、苦闷、缺少支持和关爱等痛苦感受。

4. 恋爱与性心理问题

大学生处于青年阶段，性发育成熟，恋爱与性问题是不可避免的。这一阶段的恋爱问题一般包括：恋爱受挫、恋爱与学业关系问题、情感破裂的报复心理等。而常见的性心理问题包括：性羞耻，以及由婚前性行为、校园同居等问题引起的恐惧、焦虑、担忧等。

5. 性格与情绪问题

性格障碍是大学阶段较为严重的心理障碍，其形成与成长经历有关，具体原因较为复杂，主要表现为自卑、怯懦、过度依赖、神经质、偏激、敌对、孤僻、抑郁等。

6. 求职与择业问题

求职与择业问题是高年级大学生中常见心理问题。在跨入社会时，他们往往感到困惑和担忧。如何选择自己的职业、如何规划自己的生涯、求职需要些什么样的技巧等，都或多或少会给他们带来困扰和忧虑。

7. 神经症问题

长期的睡眠困难、焦虑、抑郁、强迫、疑病、恐惧等都是神经症的临床表现症状。

神经症问题是偏离正常状态的心理问题，需要进行专业的心理咨询或心理治疗。而对大部分同学来说，常常遇到的是前面六种心理困扰，这些困扰主要由很多现实的社会心理因素导致，往往是暂时性的，经过自我调节或咨询老师以寻求帮助，多能恢复心理的平衡和适应。

随着心理健康教育的普及，人们对心理健康的认识已逐渐加深。但大学生在对待他人的心理困惑的态度上往往比对待自己更为理性，一旦面对自己的问题则表现得优柔寡断，觉得难以启齿，常常不知所措。要改变这一心态，建议如下。

01 坦然面对

心理健康也跟身体健康一样，在人的一生中难免会出现这样那样的问题，出现心理困惑只是成长正常状态，没有问题哪有成长可言，因此不必大惊小怪、怨天尤人，要坦然面对。

02 不要急于"诊断"

心理问题种类繁多，成因往往也很复杂，切忌从一些书籍上断章取义，或者道听途说，急于"对号入座"，认定自己患了什么病。弄清问题是必要的，但大学生的问题还是发展性的居多，很多都是"成长中的烦恼"，实在不必妄下"诊断"，自己吓自己。

03 转移注意

心理问题往往有一个特点，就是越注意它，它似乎就越严重。所以，不要老盯着自己的"问题"不放，不要过分关注自我，可以把注意力转移到学习、生活、工作中。有自己感兴趣的事情并全力投入是很有利于心理健康的。

04 调整生活规律

很多时候，只要将自己习惯了的生活规律稍加调整，就会让自己的精神面貌焕然一新，所谓的心理问题也就随之轻松化解了。

05 不要忌讳心理咨询

对于严重的、难以排解的心理问题，大学生可寻求专家及心理卫生机构的帮助。

（四）了解心理咨询

心理咨询是运用心理学的方法，对心理适应方面出现问题并希望解决问题的来访者提供心理援助的过程，是在遇到心理困扰时可依靠的支持系统。需要解决问题并前来寻求帮助者称为来访者，提供帮助的咨询专家称为咨询师。咨询一般采用谈话方式，形式为面对面或者远程视频。咨询频率由双方共同商定，从每周一次到多次，视具体情况而定。

研究发现，在接受专业的心理咨询以后，至少有75%的人能够从中获益，包括压力的缓解、收获子女科学教育方法、个人心灵的成长等。心理咨询能让我们的内在空间获得更多的自由，咨询师通过启发、引导、支持、鼓励，帮助来访者领悟到内心存在的冲突，更新认知，做出新的有效行为，从而达到解决问题、促进个人发展的目标。

1. 心理咨询与心理治疗

心理咨询有一个漫长的过去和短暂的历史。早在古希腊时期，人们就常从哲人等途径得到劝告和帮助。我国古代医学文献中也有许多有关记载，阴阳五行和情志相胜理论就是典型的例子。然而，心理咨询作为一种比较成型的理论，却只有近百年的历史。咨询在国外是一个涵盖非常广的概念，涉及职业指导、教育辅导、心理健康咨询、婚姻家庭咨询等方面。各种各样的咨询虽不尽相同，但都具有一些共同的特征。

咨询的共同特征　即它们都是一种职业性的帮助关系，是由受过专门训练的人员向求询者提供帮助。

心理咨询是咨询师运用心理学的知识、理论和技术，通过与来访者的协商、交谈和指导过程，提供可行性建议，针对正常人及轻度心理障碍者的各种适应和发展问题，帮助来访者进行分析，从而达到帮助来访者自立自强、增进健康水平和提高生活质量的目的。实践证明，心理咨询对心理健康的作用是非常明确的。在心理咨询中通过帮助关系可以使来访者的心理健康朝着好的方向转化。心理咨询包括以下几个方面的作用。

可以帮助来访者提高对待自身和人际关系方面的心理能力，通常的咨询不仅可以治疗某些病症，还可以促进健康人格的重建和发展。有心理障碍的人可以寻求咨询，在自身发展中遇到阻力的心理健康的人，也可以寻求咨询并从中获益。

我国的心理咨询起步较晚。1958年，我国曾开展过快速综合心理治疗工作。1980年前后，一些综合性医院也开设了心理咨询服务。目前，国内许多医院相继设置了心理咨询门诊，并收到良好的效果。尤其引人注目的是高校心理咨询活动也在蓬勃开展。许多院校相继建立了心理咨询机构，促进广大青年学生的身心健康全面发展。就大学而言：

心理咨询　是一种通过心理学的方法，求助者在心理咨询老师的协助下认识、处理和解决问题的过程。

心理治疗　是指在良好的治疗关系基础上，由经过专业训练的治疗者运用心理治疗的有关理论与技术，对在精神和情感等方面有障碍或疾患的人进行治疗的过程。

心理治疗的目的是改善病人的不良心态与适应方式，解除其症状与痛苦，促进人格改善，增进身心健康。

心理咨询与心理治疗在理论与方法上没有太大的差异，主要区别在于服务的对象有些不同。心理咨询主要的服务范围是一般的心理困扰，人们在日常生活中遇到一些问题，但还不太严重；心理治疗主要的服务对象是心理障碍者，比如神经症、人格障碍者，也包括一些康复期的精神疾病患者。在高校里，更多使用心理咨询这个概念。

2. 心理咨询的主要对象和内容

心理咨询的对象主要是健康人群或存在较轻心理问题的人群。

心理咨询的内容十分广泛。人们丰富多彩、纷繁复杂的心理活动决定了心理咨询内容的丰富性和复杂性。一般来说，心理咨询的内容包括以下几个方面。

01 人生各个时期所遇到的心理问题，如日常生活中的人际关系问题、职业选择问题、教育过程中的问题、婚姻家庭中的问题等。

02 各种情绪与行为障碍，如焦虑、抑郁、恐惧、紧张情绪的分析、诊断及防治。

03 各种不可控制的强迫思维、意向和强迫行为、动作的诊断及治疗。

04 某些性心理、生理障碍，如性变态、阳痿、早泄、性欲异常等问题的诊治。

05 心身疾病，如冠心病、高血压、溃疡病、支气管哮喘等心理社会因素的探讨与心理治疗。

06 康复期精神病人的心理指导，促进其更好地适应社会与生活，预防复发。

07 各种长期慢性躯体疾病久治不愈，需要心理支持及指导。

08 想要了解各种心理卫生知识。

09 接受各种心理检查，如智力测验、人格测验等。

10 有其他心理疑虑而需要咨询师。

五、教育贴士

根据《高等学校学生心理健康教育指导纲要》相关要求，新生心理普查是了解学生心理健康状况非常重要的方式和途径。心理普查对个人来讲，可以帮助同学们更好地了解自己的心理状况，能较早发现有心理困扰或心理问题的学生，并提供及时和专业的帮助。对学校来讲，心理普测可以使学校及时全面地了解新生入学后整体的心理状况，针对学生心理上共同的特点，制定合适的心理健康教育规划，从而使学校的心理健康教育工作更有针对性和实效性，使之更有效地促进学生心理素质的健康发展。此外，还可以为学校制定有关的教育管理政策提供量化客观的参考资料，改善学校的心理健康教育环境。

六、情境课堂

七、知识测验

（一）填空题

1. 健康包含_____和_____。
2. 大学生心理健康的标准有_____、_____、_____、_____、_____、_____、_____。

（二）判断题

1. 心理健康状态是不会发生改变的。（　　）
2. 只有神经病才去咨询心理问题。（　　）
3. 心理问题都是无能的人才会出现的。（　　）

第二节　心理韧性　挫折应对

思维导图

心理韧性　挫折应对
- 学习目标
- 素养目标
- 导入案例
- 知识正文
  - 挫折的含义以及影响
  - 常见大学生挫折类型
  - 心理韧性
  - 提升心理韧性的方法
- 教育贴士
- 情境课堂
- 知识测验

一、学习目标

通过本节课的学习,学生能够了解挫折的含义及其带来的影响,了解大学生常见的挫折类型以及应对方式,了解心理韧性及其影响因素,能够理性看待挫折,能够提升自身心理韧性应对挫折。

二、素养目标

学生能以积极健康的心态面对挫折,养成勇于克服困难和意志坚强、乐观向上的人生态度。

三、导入案例

四、知识正文

（一）挫折的含义以及影响

1. 挫折的含义

所谓挫折，是指个体的意志行为受到无法克服的干扰或阻碍，既定目标不能实现时所产生的一种紧张状态和情绪反应。挫折包含以下三层含义。

挫折情境	即干扰或阻碍意志行为的情境，如学生因考试过于紧张没有正常发挥而高考落榜。
挫折认知	即个体对挫折情境的认知、态度和评价，这是产生挫折和如何对待挫折的关键。
挫折行为	即伴随着挫折认知而产生的情绪和行为反应，如愤怒、焦虑和攻击等。

挫折情境能否构成挫折，在很大程度上取决于个体对挫折情境的态度和评价。在同一挫折情境下，个体由于志向水平不同，感受到的挫折程度也是有区别的。例如，有的学生满足于及格的成绩，而有的学生则会有挫败感，会沮丧。

当挫折情境、挫折认知和挫折行为同时存在时，便构成挫折心理。但是，有时挫折认知和挫折行为这两个因素也可以构成挫折心理。例如，有的人总是怀疑周围的同学在议论自己、看不起自己而产生紧张、烦恼等情绪反应。

2. 挫折的影响

挫折对人的影响具有两面性。

一方面，挫折可以提高一个人的认识水平，使其从中吸取教训，改变目标或策略，从逆境中重新奋起。挫折能增强个体的承受力，如果一个人遭遇挫折后仍能正常地进行社会活动，说明其承受能力较强。遭遇一次次挫折并及时调整应对措施，可以提高个体对挫折的耐受力。挫折也能激发个体的活力，生活中的强者往往由挫折激发出强大的身心力量，虽然身处逆境，仍能坚持不懈、百折不挠。

另一方面，挫折会给人的健康带来影响，甚至会导致心理和行为的失调。挫折可使人们处于不良的心理状态中，出现负面情绪反应，并采取消极的方式来应对挫折情境，从而导致不安全的行为反应，如不安、焦虑、愤怒、攻击、幻想、偏执等。同时，挫折还会影响一个人对成功或者失败的态度，削弱对自己的信心；影响个人的抱负水平，降低积极性，最后可能使其变得胸无大志、得过且过、一事无成；还会影响个人的能力和行为表现。

（二）常见大学生挫折类型

1. 自我认同方面

一些大学生对自己缺乏客观的评价，主要表现为两个方面。一方面，部分学生较为自卑，对自己的评价较低，过于贬损自己，觉得自己身材不好、相貌不好等，认为自己处处不如他人，不能积极悦纳自己。另一方面，部分学生过于自负，对自己的评价过高，认为自己什么都比别人强，没人比得过自己，优越感过强。这两类学生都存在一个共同点，即较为敏感。

2. 人际关系方面

大学生的换位思考能力需要提升。大学生在和同学相处过程中难免会产生摩擦，加之缺乏人际交往技巧，容易导致人际关系不良，尤其是宿舍人际关系不良。除此之外，不少大学生在大学期间开始恋爱，但在这一过程中由于经验不足，缺乏正确的恋爱观，情路坎坷，遭遇情感挫折。

3. 经济生活方面

现代生活水平日益提高，高额的学费、生活费等增加了贫困学生的心理负担。大学生之间难免存在一定的攀比心理，一些家境稍差又不甘落后的学生往往将自己的需要压抑在内心深处，最终导致自卑等不良心理的产生。

4. 学业方面

大学的学习方式与中学阶段完全不同，学生需要更多地进行自主学习和探索。而一些大学生的自我学习和管理能力较差，课外不会主动学习，因此学业成绩较差。更有一些大学生觉得专业课程难度较大，上课听不进去，一旦一两次成绩不理想，就对学习丧失信心，对任何课程的学习都提不起兴趣，学习动力不足，最终导致彻底放弃学业。

5. 就业方面

近年来，人才市场的竞争日益激烈，就业问题日益突出。大学生临近就业时常常产生各种困惑，如对本专业的就业前景深表担忧，对就业过程中可能存在的不公平现象表示焦虑等。在各种困惑影响下，一些学生丧失了信心，就会对自己产生怀疑，从而影响就业。

（三）心理韧性

1. 心理韧性

韧性原本是一个物理学概念，指物体受到外力挤压时回弹。在心理学上，心理韧性指的是在遭遇较高水平的环境变化后，个体能较快地从消极经历中恢复过来，并灵活适应外界环境的能力。心理韧性作为人的一种最佳功能状态，受到积极心理学的高度关注，在发展心理学、教育心理学等众多领域都得以广泛推广。

2. 心理韧性的影响因素

| 内在因素 | 指个体内部的有助于克服逆境并能积极发展的因素。内在因素主要包括大学生的个性特点、身体状况、知识基础、学习方法、学习能力、价值观、自我效能等。 |

> **外在因素**
> 指外部环境中有助于克服逆境并能积极发展的因素。外在因素包括来自家庭、学校和社会等更大的社会范围的积极因素。

一级难度	次级维度	子维度
内在因素	社会胜任力	交流和合作的能力
内在因素	社会胜任力	共情的能力
内在因素	社会胜任力	问题解决的能力
内在因素	自尊和自主	自信心
内在因素	自尊和自主	自我效能感
内在因素	自尊和自主	自知力
内在因素	自尊和自主	情绪稳定性
内在因素	目标感和有意义的感觉	乐观（积极认知）
内在因素	目标感和有意义的感觉	有目标和对生活的渴望
外在因素	关心的环境	家庭关系
外在因素	关心的环境	学校关系
外在因素	关心的环境	社区关系
外在因素	关心的环境	同伴关系
外在因素	积极的期望	家庭期望
外在因素	积极的期望	学校期望
外在因素	积极的期望	社区期望
外在因素	积极的期望	同伴期望
外在因素	有意义的参与机会	家庭的参与度
外在因素	有意义的参与机会	学校的参与度
外在因素	有意义的参与机会	社区的参与度

（四）提升心理韧性的方法

1. 情绪 ABC 理论

艾伯特·埃利斯和阿伦·贝克共同建立了认知疗法，发展了"ABC 模式"。

| 认知疗法认为 | 影响我们情绪（C）的并非事情（A）本身，而是我们对此事的想法（B）。每个人对事情的看法不同，因此在面对同样的事情时，不同的人才会有不一样的情绪。|

事件（A）

小李的想法（B）　　　　　　　小张的想法（B）

这次运气真是太不好了。虽然我们没有露营经验，而且还有一场暴雨，但是，或许是上天在跟我们开玩笑，哈哈，所有看似不可能的事都发生了。

我简直不敢相信自己有这么笨！像我们这样没有露营经验的人，居然还敢冒这样的险。我们不仅对暴雨没有提前做好准备，而且还做了糟糕的决定，把营帐装备留在那里。我就是这样，对每件事都一知半解，还又懒又草率。

情绪（C）

由于小李和小张的想法不同，他们的情绪也有很大的不同。虽然同样经历了暴雨露营的紧张和混乱，但小李回来以后很开心，而小张回来后非常沮丧。

2. 学会乐观归因

| 归因 | 指人们对他人或自己行为原因的推论过程。具体地说，就是观察者对他人的行为过程或自己的行为过程所进行的因果解释和推论。|

简单来说，就是你做了一件事产生了一定的结果，你对这个结果的原因分析就是归因。

心理学中关于归因的一个重要理论是由美国心理学家韦纳提出的。韦纳认为，个体通常把自己经历过的事情的成败归结为以下六个原因。

01 能力：个人评估自己能否胜任该项工作

02 努力程度：个人反省在工作过程中是否已经尽力

03 工作难度：凭个人经验判定该项工作的困难程度

04 运气：个人认为该项工作的成败是否与运气有关

05 身心状况：工作中个人的身体及心理状况是否影响工作成效

06 外界环境：除上述五项外，尚有其他与此有关的影响因素（如别人帮助、评分不公等）

韦纳所发现的六项成败因素，后来被证实可以代表一般人的归因反应。而学生们对考试成败的归因，主要是前四项（能力、努力程度、工作难度、运气）。之后，韦纳进一步把上述六项因素按各自的性质，分别归为三个维度。

01 内因和外因

内因指存在于个体内部的原因，如人格、品质、动机、态度、情绪、心境及努力程度等个人特征，将行为原因归于个人特征，也称为内归因；外因指行为或事件发生的外部条件，如背景、机遇、他人影响、工作难度等，将行为原因归于外部条件，也称为外归因。

02 稳定性原因与易变性原因

在行为的内因与外因中，一部分是可变的，另一部分是稳定的。内部原因中，人的情绪是易变的，而人格特征、能力则会在长时间内保持稳定；外部原因中，工作性质与任务难度相对稳定，而气候条件则易于变化。

03 可控原因与不可控原因

如果归因为可控原因，人们更可能对行为结果做出预测，因为个体努力了，结果就会好，个体不努力，结果就不理想；如果归因为不可控原因，如智力因素、工作难度等，则表明个体努力也有可能无能为力。

总结来说，韦纳的归因理论可以总结为下表。

归因类别	稳定性		因素来源		可控性	
	稳定	不稳定	内在	外在	可控	不可控
能力	√		√			√
努力程度		√	√		√	
工作难度	√			√		√
运气		√		√		√
身心状况		√	√			√
其他		√		√		√

当你把消极事件归为他人的、暂时的和局部的原因（而不是自身的、持久的和整体的原因），或者把积极事件归为自身的、持久的和整体的原因时，你拥有的就是乐观的归因方式。这样的你，积极乐观，遇到挫折可以很快调整自己的心态，重新出发，越挫越勇。反之，你拥有的就是悲观的归因方式。这样的你，消极悲观，遇到挫折，不愿尝试努力改变，通常只会一味地消极等待，不堪一击，久而久之，你就会陷入"习得性无助"。

3. 运用成长型思维

在我们的生活中，有两种主要的思维模式：固定型思维模式和成长型思维模式。

固定型思维模式　认为人的才能一成不变。这让人们时刻想证明自己的智力、个性和特征。他们会把发生的事当作衡量能力和价值的直接标尺。

成长型思维模式　认为人的能力可以努力培养。虽然人的先天才能、资质、性格各有不同，但都可以通过努力和经历来改变。

具有固定型思维模式的人只相信天赋，他们认为天赋不好才需要努力。如果你需要为某件事付出努力，说明你不擅长做这件事。而具有成长型思维模式的人认为努力比天赋更重要。他们欣赏天赋，更崇尚努力。两种思维模式的区别如下表所示。

项目	固定型思维模式	成长型思维模式
定义	人的才能/能力一成不变，需要被证明	人的才能可以通过发展、学习来培养
遇到挫折	产生彻底的挫败感和无力感	不给自己贴标签
看待风险	风险和努力暴露不足，证明没有足够的能力去完成某项任务	承担风险，直面挑战
对成功的理解	智力的证明	努力的结果
学习与成功的关系	聪明人永远是成功的，成功意味着比别人更强，拥有更多特权	成功意味着拓展自己的能力范畴，成功的关键是学习，抓住一切学习机会
看待挑战	故步自封，自我限制，丧失可能性	自我拓展，对挑战保持浓厚兴趣
追求	完美无缺	不断进取
成功的结果	证明自己很特别，甚至高人一等，更具特权，产生优越感	认为自己只是一个普通人，成功是努力的结果
对失败的态度	失败意味着缺乏个人技能或潜力，从一种行为（我失败了）转变为一种身份（我是失败者）	是一种痛苦的学习经历，但不能定义自己（我是失败者）

续表

项目	固定型思维模式	成长型思维模式
失败对其产生的影响	失败可以永久性地定义他们,这种思维模式剥夺了他们应对问题的能力	人们相信自己的基本特质可以发展时,失败虽然很痛苦,但不会给自己下定义。能力可以提升,改变和成长还有很多可能,通往成功的道路依然很多
努力的意义	只有无能者才需要努力,完美无缺是人的与众不同之处,努力会贬低价值	无论能力有多强,努力才能激发能力
总结	人的能力不可改变,成功仅意味着比其他人更有天赋,失败则能对你做出评判和定义。无法依靠天赋成功的人,才需要努力	人的能力可以提升,成功意味着做到最好的自己,而不是要强于他人,失败是一次机会,而不是"死刑",努力是通往成功的关键

虽然学习利用成长型思维模式看待问题,并不能解决我们遇到的所有问题,但这种思维方式的练习,可以让我们拥有不同的人生体验和生活,让我们成为更积极乐观、更有勇气、更开朗的人,成为最好的自己。

五、教育贴士

逆商（adversity quotient，AQ）全称逆境商数,一般被译为挫折商或逆境商。它是指人们面对逆境时的反应方式,即面对挫折、摆脱困境和超越困难的能力。IQ（智商）、EQ（情商）、AQ（逆商）并称"3Q"。有专家甚至断言,100%的成功=IQ（20%）+EQ和AQ（总共占80%）。心理学家认为,一个人事业成功必须具备高智商、高情商和高逆商这三个因素。在智商与他人相差不大的情况下,逆商对一个人的事业成功起着决定性的作用。

六、情境课堂

七、知识测验

（一）填空题

1. 挫折包含＿＿＿＿＿＿、＿＿＿＿＿＿、＿＿＿＿＿＿三层含义。

2. 情绪 ABC 理论中 A 指的是＿＿＿＿＿＿，B 指的是＿＿＿＿＿＿，C 指的是＿＿＿＿＿＿。

（二）判断题

1. 挫折对人只有消极影响。（　　）

2. 决定一个人是否成功最重要的因素是智商。（　　）

3. 心理韧性和一个人的家庭没有关系。（　　）

4. 成长型思维模式认为人的能力可以努力培养。虽然人的先天才能、资质、性格各有不同，但都可以通过努力和经历来改变。（　　）

第三节　珍爱生命　危机干预

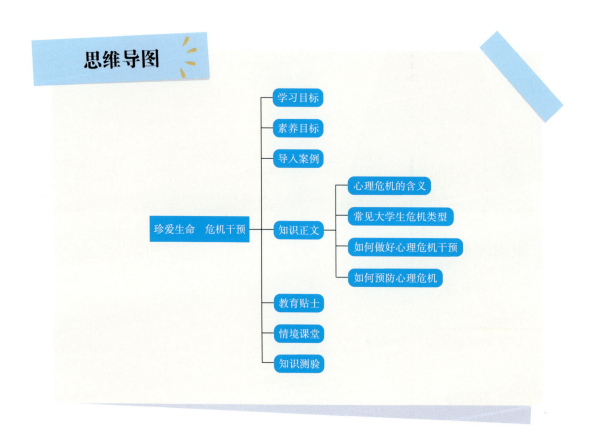

一、学习目标

通过本节课的学习，学生能够了解心理危机的含义以及类型、心理危机干预的方法，能够辨识自身和他人心理危机的征兆，能够养成科学的生活方式，并掌握自我心理调适的方式方法。

二、素养目标

学生能够树立防患于未然的心理健康意识，养成积极应对心理危机的态度，珍爱生命，热爱生活。

三、导入案例

四、知识正文

（一）心理危机的含义

在科学技术飞速进步、知识爆炸的今天，人类也随之进入了情绪负重的年代。大学生作为现代社会的组成部分，对社会心理这块时代的"晴雨表"自然就十分敏感。但是，大学生作为一个特殊的社会群体，本身存在着许多特殊的问题，如对新的学习环境与任务的适应问题，对专业的选择与学习的适应问题，理想与现实的冲突问题，人际关系的处理问题，学习和恋爱中的矛盾问题，以及对未来职业的选择问题等。种种心理压力积压在一起，久而久之，就会形成大学生心理上的障碍，心理危机也就随之而产生。

日常生活中，我们经常听到"经济危机""政治危机"这样的名词，对于"心理危机"很多人感到很陌生。什么是心理危机呢？

心理危机这一概念由美国心理学家卡普兰(Caplan)首次提出。

> **心理危机**　当个体面临突然或重大生活事件(如亲人死亡、婚姻破裂或天灾人祸)时出现的心理失衡的状态。

卡普兰认为，每个人都在努力保持一种内心的稳定状态，使自身与环境稳定协调，当重大问题和剧烈变化使个体感到问题难以解决，平衡就会被打破，正常的生活受到干扰，内心的紧张不断积累，继而出现无所适从甚至思维和行为的混乱，进入一种失衡状态，即心理危机状态。

（二）常见大学生危机类型

对大学生来说，心理危机的类型可以分为以下四种。

1. 发展性危机

发展性危机是个人在正常成长和发展过程中，面对急剧的变化所产生的异常反应，如升学危机、性心理危机等。这些危机是大学生生命中必要和重大的转折点，每一次发展性危机的成功解决都是大学生走向成熟的阶梯。

2. 境遇性危机

境遇性危机主要是指如果出现罕见或突如其来的悲剧性事件时，个人对此事件无法预测和控制，如自然灾害、交通事故、突然的绝症、亲人发生意外情况等诱发的心理危机。

3. 现实存在性危机

现实存在性危机指在人生发展过程中由于重要的根本问题的出现而导致个人内心的冲突和焦虑，如人生目的、意义、价值、责任等诱发的心理危机。

4. 病理性心理危机

有些心理障碍或心理疾病可能会导致病理性心理危机的产生，比如抑郁、焦虑和紧张等由神经症导致的心理危机。也有一部分由行为异常引发的危机，比如品行障碍或违纪犯罪等。

（三）如何做好心理危机干预

1. 确定问题

确定和理解求助者存在的问题。危机干预工作者应该应用倾听技术（同情、理解、真诚、接纳以及尊重）确定求助者存在的问题。

2. 保证求助者安全

在危机干预过程中，危机干预工作者要将保证求助者安全作为首要目标，将对求助者和他人的生理和心理危害程度降到最低。

3. 给予支持

强调与求助者沟通与交流,让求助者知道,危机干预工作者是能够给予关心和帮助的人。不要去评价求助者的经历与感受,而是应该提供这样一种机会,让求助者相信"这里有一个人确实很关心我!"

4. 提出并验证可变通的应对方式

因为多数情况下,求助者处于思维不灵活的状态,不能恰当地判断什么是最佳的选择,有些求助者甚至认为无路可走了,危机干预工作者应抓住时机,有效干预,让求助者认识到有许多可变通的应对方式可以选择。客观地评价各种可变通的应对方式,能够给感到绝望和走投无路的求助者极大的支持。可以从多种不同途径思考变通的应对方式。

01 环境支持:这是提供帮助的最佳资源,让求助者知道有哪些人关心自己。

02 应付机制:求助者可用来战胜目前危机的行动、行为或环境资源。

03 积极的、建设性的思维方式:可改变求助者对问题的看法并降低其应激与焦虑水平。但只需与求助者讨论几个话题,因为处于危机之中的求助者需要的是能从现实境遇中解脱的适当选择。

5. 制订具体计划

危机干预工作者要与求助者共同制订行动步骤,来矫正其情绪的失衡状态。计划应该包括:

01 确定个人、组织团体和有关机构能够提供及时的支持

02 提供应付机制

危机干预工作者应提供求助者能够采用的、积极的应付机制,确定求助者能够理解和把握的行动步骤。根据求助者的应付能力,制订切实可行的计划,帮助求助者解决问题。计划可以包括求助者与危机干预工作者的共同配合,如进行放松训练。

计划的制订应该与求助者进行合作,让其感到这是他自己的计划,这一点很重要。制订计划的关键在于让求助者感到没有剥夺他们的权利、独立性和自尊,这些求助者往往过分地关注自己的危机而忽略自己的能力。计划制订的过程中的主要问题是求助者的控制性

和自主性，让求助者将计划付诸实施的目的是恢复他们的自主能力并保证他们不依赖于支持者，如危机干预工作者。

6. 得到承诺

控制性和自主性问题也存在于得到恰当的承诺这一过程中。如果计划完成得较好，得到承诺这一步就比较容易。多数情况下，得到承诺比较简单，可让求助者复述计划，如："现在我们已经商讨了你的计划，请跟我讲讲你将采取哪些行动，以保证你不会大发脾气，失去理智，避免危机升级。"危机干预工作者要明确，求助者在实施计划时是否与其达成同意合作的共识。

在结束危机干预前，危机干预工作者应该从求助者那里得到诚实、直接和适当的承诺。

（四）如何预防心理危机

1. 培养良好的人格品质

良好的人格品质首先源于正确认识自我、悦纳自我的态度，大学生应扬长避短，不断完善自己。其次，大学生应该提高对挫折的承受能力，对挫折有正确的认识，在挫折面前不惊慌失措，采取理智的应对方式，化消极因素为积极因素。挫折承受能力的高低与个人的思想境界、对挫折的主观判断、挫折体验等有关。最后，大学生应努力提高自身的思想境界，树立科学的人生观，积极参加各类实践活动，丰富人生经验。

2. 养成科学的生活方式

生活方式对心理健康的重要影响已被科学研究证明。健康的生活方式指生活有规律、劳逸结合、科学用脑、坚持体育锻炼、少饮酒、不吸烟、讲究卫生等。大学生的学业负担较重，心理压力较大，为了长期保持学习的效率，大学生需要科学地安排好自己每天的学习、锻炼、休息，使生活有规律。学会科学用脑就是要勤用脑、合理用脑、适时用脑，避免用脑过度引起神经衰弱，从而避免失眠、记忆力减退等后果。

3. 加强自我心理调节

自我调节心理健康的核心内容包括调整认识结构、情绪状态、锻炼意志品质、改善适应能力等。一方面，大学生处于青年期阶段，青年期的突出特点是人的性生理在经历了从萌发到成熟的过渡之后，逐渐进入活跃状态。从心理发展的意义上说，这个阶段是人生的"多事之秋"。经验和知识的缺乏决定了这个时期人的心理发展的某些方面落后于生理机能的成长速度。因此，大学生在心理发展的过程中，难免会体会到许多尴尬、困惑、烦恼和苦闷。另一方面，我国正处在全面建设社会主义现代化国家开局起步的关键时期。社会情况正在发生复杂和深刻的变化，社会竞争日趋激烈，生活节奏日益加快，科学技术急剧发展。这种情况会在要进入社会的青年学生中引发这样或那样的心理矛盾和心理冲突，如家庭生活发生变故、学业压力过大、就业不顺利等。这些心理问题如果总是不去解决，日积月累，就有可能成为心理障碍而影响学习和生活。大学生应学会正视现实，学会自我调节，保持同现实的良好接触，充分发挥主观能动性去改造环境，努力实现自己的理想目标。具体做法如下。

01 保持浓厚的学习兴趣和求知欲望

学习是大学生的主要任务。有了学习兴趣，大学生就能够自觉地跃入浩瀚的知识海洋里遨游，积极地获取新知识，发展多方面的能力，以提高自身素质，更好地适应社会发展。

02 保持乐观的情绪和良好的心境

大学生应保持积极乐观的情绪、愉快开朗的心境，对未来充满信心和希望，遇到悲伤和忧愁的事情要学会自我调节，适度地表达和控制情绪，做到胜不骄、败不馁、喜不狂、忧不绝。

03 保持和谐的人际关系

心理健康的学生乐于与他人交往，在交往中能用理解、宽容、信任和尊重的态度与人和睦相处。通过人际交往，他们能够认识到作为大学生的社会责任，自觉遵守纪律和社会道德规范；主动增强心理适应能力，能与他人同心协力、合作共事，与集体保持协调的关系。

04 保持良好的环境适应能力

对大学生心理产生影响和作用的环境包括生存环境、成长环境、学习环境、校园环境等。

4、积极参加业余活动，发展社会交往

丰富多彩的业余活动不仅丰富了大学生的生活，还为大学生的健康发展创造了课堂以外的机会。大学生应培养多种兴趣，发展业余爱好，通过参加各种课余活动，发挥潜能，振奋精神，缓解紧张，维护身心健康。通过社会交往，大学生能实现思想交流和信息资料共享。发展社会交往可以不断地丰富大学生的内心世界，有利于心理健康。

 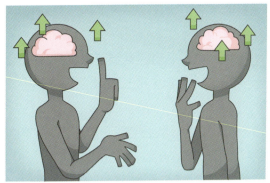

5. 求助心理老师或心理咨询机构，获得心理咨询帮助

心理老师具备丰富的理论知识和生活实践经验，对学生所面临的心理问题具有良好的解答方式和处理技巧。大学生在必要时应求助于有丰富经验的心理咨询医生或长期从事心理咨询的专业人员和心理老师。

| 心理咨询 | 指通过人际关系，运用心理学方法和技巧，帮助来访者自强自立的过程。 |

从心理咨询具有治疗功能的角度来说：

| 心理咨询 | 属于心理治疗，作为一种治疗方法和治疗手段，心理治疗的对象主要是正常人和有轻度心理障碍的人。 |

通过与来访者的交谈、指导，针对来访者的各种心理问题，咨询师能帮助来访者正确认识导致自身心理问题的根本原因；引导来访者更为积极地面对现实，为来访者提供建立新型人际关系的机会；增加来访者的心理自由度，帮助来访者改变过去的心理异常，最终恢

复健康的心理。心理咨询兼有心理预防和心理治疗功能，通过心理咨询，为来访者创造一个良好的社会心理环境和条件，提高其精神生活质量和心理效能水平，以达到减少心理障碍，防止精神疾病，保障心理健康的目的。

五、教育贴士

学校可以围绕着五级防护开展工作。

一级防护：学生自我调节（自觉地认识自己，独立地调节各种心理问题）。开展心理健康教育与宣传，提高学生心理素质。

二级防护：朋辈互助（有互帮互助意识和能力，通过互帮互助解决某些心理问题）。指导学生建立心理协会，培训志愿者开展朋辈互助活动。

三级防护：辅导员、班主任、教师的工作（发现学生有心理问题后，帮助学生解决心理问题，及时推荐学生进行心理咨询）。建立院系心理健康联系人制度，培训心理辅导员，针对重点学生合作开展工作。

四级防护：心理咨询中心的工作（负责对大学生提供心理咨询、心理测试、心理训练、心理健康教育等服务）。

五级防护：医院治疗与家庭护理工作（医院能对患有心理疾病的问题学生实施门诊药物治疗或住院治疗。家庭能协助并配合做好当事人的心理问题的防护和心理危机的干预工作）。与校医院及校外医疗机构保持紧密联系。

六、情境课堂

七、知识测验

（一）填空题

1. 大学生常见心理危机有_____、_____、_____、_____四类。

2. 学校五级心理危机防护工作分别指的是_____、_____、_____、_____、_____。

（二）判断题

1. 在危机干预过程中，要将保障求助者安全作为首要目标。（　　）
2. 心理危机都是暂时的，自己扛过去就好了，没必要找别人帮忙。（　　）
3. 心理咨询可以帮助一个人应对心理危机。（　　）

第三章

财产安全

第一节　识别传销　科学防范

一、学习目标

通过本节课的学习，学生能够了解传销、传销的类型及危害，掌握身陷传销陷阱的自救方法及如何抵制传销，能识别各种类型的传销陷阱，减少身心和财产损失。

二、素养目标

培养学生防范传销的能力，使其具备抵制传销的警惕意识，预防各类传销案件的发生。

三、导入案例

四、知识正文

（一）传销的定义

传销	指组织者或者经营者发展人员，通过对被发展人员以其直接或者间接发展的人员数量或者销售业绩为依据计算和给付报酬，或者要求被发展人员以交纳一定费用为条件取得加入资格等方式牟取非法利益，扰乱经济秩序，影响社会稳定的行为。

传销是国家明令打击的违法行为。

传销组织通常情况下是由亲戚、朋友、老乡、同学、同事等构成。因为亲朋好友彼此之间都比较熟悉、了解，互相之间没有太强的防范心理，因此熟人最容易成为被骗的对象。

目前传销案件的主要特点如下。

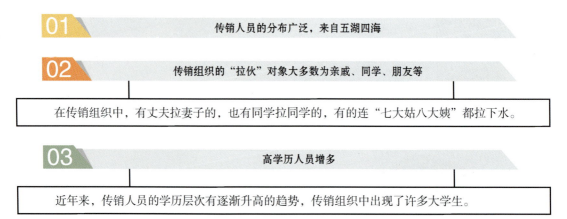

01 传销人员的分布广泛，来自五湖四海

02 传销组织的"拉伙"对象大多数为亲戚、同学、朋友等

在传销组织中，有丈夫拉妻子的，也有同学拉同学的，有的连"七大姑八大姨"都拉下水。

03 高学历人员增多

近年来，传销人员的学历层次有逐渐升高的趋势，传销组织中出现了许多大学生。

（二）常见传销类型

近年来，在国家的严厉打击之下，传销活动越来越隐秘，传销的形式与手段逐步衍生、变异，传销类型涉及各行各业、各类人群，更具有隐蔽性和欺骗性。

1. 金融传销

金融传销　该类型的传销承诺高收益，引诱投资。该类型吸收资金的常见形式如下。

01 金融互助社区　　　　**02** 金融互助平台
03 金融互助投资　　　　**04** 金融互助理财
05 财富互助平台

这类传销通常隐蔽性较强，大多由境外人员远程操控，投资款往往通过个人银行账户网银转账或者通过第三方支付平台流转。现在许多金融诈骗借助互联网进行操作，此类运作模式违背价值规律，资金运转难以长期维系，一旦资金链断裂，投资者将会面临严重的损失。此外，还需警惕以投资入股、私募股权、发展渠道商、红包互赠等为名义组织的金融传销。

| 01 | 虚拟 U 币 | 02 | 克拉币 |
| 03 | 易富地基金 | 04 | ABCD 财富网 |

2. 网络传销

网络传销　该类型的传销利用互联网进行非法传销活动，成本较低，发展迅速，骗人不见面。

网络传销中，"网络营销""网络直销""网店加盟""满 200 返 200""一边在家娱乐，一边上网赚钱"等宣传字眼十分吸引人。当前，网络传销发展迅速的原因如下。

01　网络传销的传销人员通过 QQ、微信、网络游戏、网站论坛、YY 语音等途径快速传播各类消息信息。

02　网络传销对公众的鼓动性很强，如"在家就可创业，穿着睡衣就能挣钱"。

03　网络传销拉的主要是陌生人，且拉人成本较低，不用陪吃、陪喝、陪玩，也不需要辞职。

04　网络传销的"拉人头"骗局较为隐蔽，发展下线速度快，受骗人群多而广，骗人手段多种多样，且不用见面。

3. "旅游"传销

"旅游"传销　该类型的传销主要以"低价旅游""旅游直销""免费旅游"等为噱头，通过加对方微信好友的形式发展下线，拉拢大众入会交费，传播速度非常迅速。

常见的发展下线的用语如"加入我们就可以免费畅游欧洲 5 日游""只需要交少量会员费，便可以免费高端畅游""旅游的同时外加创业"等。

4. "国家工程"传销

"国家工程"传销　该类型的传销主要以"国家扶持""政府资助""文化产业""精神文明""农业发展平台"等为旗号，伪造国家机关单位文件，假冒企业，打着新型产业的幌子进行虚假宣传。

常见的手段如"投资开发""连锁加盟""资本运作"等，或者以考察、加盟、旅游、建立工作站、发展代理等方式进行传销活动。

5. "假冒直销企业"传销

"假冒直销企业"传销　该类型的传销直接冒用正规直销企业的企业名称，开展相关的传销活动，或者以冒用直销企业名义，通过开通微信公众号虚假宣传、招聘销售人员。

此外，还有一些不法人员利用微店、淘宝网店等销售正规直销企业注册商标专用权的假冒产品。例如，天狮、罗麦、新时代、三生、完美、尚赫、康婷等发展较好的直销公司均都被不法分子假冒过，因此许多直销企业每年都会投入很多时间和精力来进行打假。

6. "假慈善"传销

"假慈善"传销　该类型的传销组织主要是号称自己有官方背景，打着"爱心互助""慈善救助"等幌子，主要以"爱心资助贫困学子""做慈善事业，筑和谐家园"等形式，欺骗善良的大众。

7. "养老"传销

"养老"传销　该类型的传销主要以投资养老院、"消费养老"等为由头，大量发展会员，以达到融资敛财的目的。

随着我国人口老龄化的步伐加快,在政府鼓励民间力量参与养老事业的同时,市场上也出现了一些名义上打着"养老"的幌子,实际上则是为敛财的诈骗行为。

因此,我们需要注意的是,天上不会掉馅饼,当别人把回报描述得天花乱坠的时候一定要提高警惕。辨别是否为传销的标准包括以下几点。

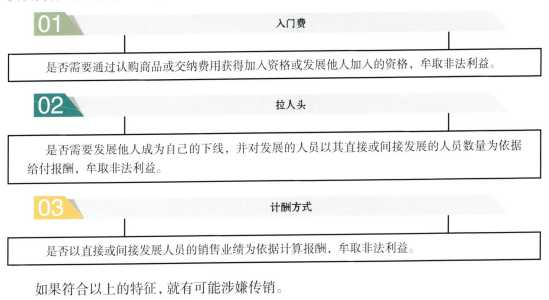

如果符合以上的特征,就有可能涉嫌传销。

(三)传销的危害

传销发展到今天,其危害十分严重。它不仅对广大参与传销的人员造成了身心伤害和经济损失,而且严重扰乱经济秩序,对整个社会的稳定造成极大的危害。传销让许多人血本无归、亲友反目、众叛亲离,很多原有家庭妻离子散,甚至引发刑事犯罪等社会问题。

1. 对参与者造成严重的危害

传销的实质

传销的实质就是诈骗,是极少数人敛财的伎俩,绝大多数参与者都会血本无归,甚至倾家荡产。

在参与传销的过程中,参与者及其家庭受到的不仅仅是经济方面的损失,还有精神方面的伤害。传销让参与者在组织中一步步丧失正常的理性分析能力,精神上对传销组织的"短平快"暴富理念产生依赖,心理上可能会产生自闭、自卑、排外等,严重影响其家庭和睦和社会关系。

2. 对社会稳定造成严重的危害

有些传销参与者被骗后走投无路，对社会产生怨恨情绪，聚众闹事，甚至引发抢劫、杀人等刑事案件。长期处在传销组织信息封闭的环境和高度兴奋的情况之下，参与者会产生幻想，极其容易被煽动。最后，参与者的道德底线会渐渐丧失，即使成为所谓的成功人士，到最后也是众叛亲离，剩下的只有对社会的仇恨和不满，危害社会，扰乱社会秩序，影响社会稳定。

3. 对国家造成严重的影响

传销已经不是普通的经济犯罪，而是集诈骗、非法拘禁、非法聚集、传播邪教等于一体的违法犯罪行为，严重扰乱了市场经济秩序。传销及变相传销往往会伴随着偷税漏税、走私贩私、非法集资、非法买卖外汇等一系列违法行为，违反了国家禁止传销及变相传销的规定，还违反了税收、消费者权益保护、金融管理等多个法律规定。传销致使大多数参与者血本无归、无家可归，因此也容易引发参与者进行偷盗、抢劫、强奸、卖淫、聚众闹事等一系列违法犯罪活动，严重破坏社会治安，甚至可能引发更为复杂的社会问题。

4. 对社会诚信伦理道德体系造成破坏

传销的一个很重要的特点就是"杀熟"，参与者为骗钱不惜将亲戚、朋友、老乡、同学、战友等拉入传销"泥潭"，导致人与人、人与社会之间的信任度严重下降，极大地破坏了社会诚信道德体系，还会引发亲友反目，甚至家破人亡，危害社会稳定。当参与者被洗脑后，往往会不择手段地欺骗其最亲近的人。大多数参与者最开始的出发点是好的，即希望能够给最亲近的人带来财富，让家人能够生活得好一些。随后，随着传销组织的持续不断地洗脑，参与者便开始疯狂地发展下线，利用各种各样的谎言和骗人手段持续欺骗亲朋好友，最后结果不是"人帮人"，而是"人骗人"。不但害了自己，更害了亲朋好友。

（四）大学生为何会误入传销

自 1998 年 4 月 18 日国家禁止传销以来，仍有数以万计的高校大学生误入非法传销的歧途，对大学生的身心健康造成严重危害，不同程度地影响了高校的安全稳定。

1. 阅历尚浅，对传销认识不足

大学生思想比较单纯，社会阅历较浅，对外面的世界充满着好奇，对身边的同学、朋友等较为信任，自我判断能力及防范意识薄弱。很多大学生对传销基本不了解，当非法传销的组织把"传销"说成是"直销"时，有些大学生抱着参与社会实践、获得可观收入的想法加入传销组织，完全没有认识到其本质，忽视或者无视了传销的危害。本节导入案例中的小王就是轻信了初中同学的蛊惑，在"高收入""兼职"的引诱下被骗入传销组织。传销组织之所以把目标锁定大学生，是因为学生认识的人也都是学生，有利于传销组织发展人员。此外，还有一些传销组织抓住大学生毕业后急于找工作的心理，以招聘为由，诱骗大学生参与传销活动。迫于就业的压力，大学生屡屡受骗。

2. 法律意识淡薄

有些大学生法律意识淡薄，缺少法律常识，发现自己上当受骗、误入传销后，不知道该如何拿起法律的武器与传销组织进行斗争，捍卫自己的合法权益。有些大学生甚至为挽回损失，不惜违法，想方设法再去诱骗其亲朋好友，越陷越深，不能自拔。

3. 家庭因素影响

一些在校大学生由于家庭贫困，他们为了给家庭减轻生活负担，想方设法去兼职赚钱，非常容易受到诱惑，误入传销组织。家庭教育的缺失也是一方面。有些父母由于工作忙碌，很少与子女沟通交流，有些父母只关注孩子的学习成绩，而忽视了对子女的安全教育。父母的关爱及教育的缺失，导致孩子容易相信他人，缺乏安全意识，极容易误入传销组织。

4. 高校管理存在不足

随着高等教育不断普及，大学生的数量极速增长，给高校的监管带来了极大的挑战。

一方面，高校管理存在不足。许多大学生离校不请假，去什么地方、什么时候出去的、去干什么都不向学校和老师汇报。还有授课教师一般情况下只关注学生课程，师生之间缺乏情感交流，很少关注大学生的心理状况，缺少对大学生的思想政治教育。一些高校辅导员，对大学生日常思想工作、安全教育工作做得不到位，高校专职辅导员每人带200名或300名甚至500名大学生，很难顾及每一位大学生的思想动态，对于参与传销组织的大学生无法及时获知信息并采取相应的解救措施。

另一方面，高校对打击传销的宣传力度不够。一些高校很少邀请专家举办专门的打击传销活动和预防误入传销组织的讲座或宣传活动。高校对大学生误入传销组织的预防、抵制工作力度不够，会给传销分子提供可乘之机。

5. 社会管理的力度不够

随着经济的全球化，各种行业的企业需要不同类型的人才，这对当今大学生来说既是机遇也是挑战，他们必须适应社会的需求，适应不断变化的环境。大学生面对复杂的求职环境和较大的就业压力，容易陷入传销的陷阱。此外，政府相关部门对虚假广告的监管力度有待进一步加强。

（五）身陷传销的自救

当发现自己陷入传销组织，通常人们都会非常害怕、情绪激动，此时需要冷静下来思考对策。陷入传销组织后，可以先仔细观察周围的环境和情况，看看能否找到可以利用的周围环境和人，然后伺机逃离或者报警。

01 保管好个人物品

误入传销组织后，保管好个人身份证、银行卡、手机等物品，不要让这些物品落入传销分子手中。

02 记住地址，伺机报警

到了一个陌生的地方，人生地不熟，首先要掌握自己所处的具体位置，如楼栋号、门牌号等。如果没有看到这些，可以看看附近有没有标志性建筑物，暗中记下周围商店、饭店、商场等名字。若能发信息或打电话，可趁机报警，或者告知亲朋好友，让他们帮忙报警。

03　外出学习考察时求救逃离

传销组织会有一些户外的学习活动，在这个过程中抓住机会进行求救和逃离。经过一些机关或企事业单位时，可跑向门口保安或者工作人员求助；提前写好求救纸条，假装买东西时将其与钱一起递给商户老板；看清形势，在人多的地方大声向路人求救等。

04　装病，寻找外出时机

如果被传销组织控制得比较严，尽可能地折腾对方，想办法寻找外出的机会。但装病要特别注意，不要被传销组织看出破绽。可以假装肚子疼、拉肚子等，让他们不得安宁，使他们最终同意外出就医，再找机会逃离。

05　乘人不备从窗户扔纸条求救

假如实在是找不到逃离的机会，可在上厕所的时候偷偷写好求救的纸条，然后乘人不备从窗户扔下纸条求救。

06　骗取对方信任，伺机逃离

如果实在无法逃离，可以想想"软办法"，伪装后骗取对方的信任，让对方放松警惕，然后再伺机逃离。

（六）如何防范传销

1. 政府与社会防范

01 国家政府相继出台的禁止传销的法律法规，为打击传销提供了法律和政策依据。例如，国家相继颁布了《直销管理条例》《禁止传销条例》《关于开展防止传销进校园工作的通知》等相关法律法规和政策文件。

02 政府部门定期安排专门法律人员到高校开展反传销讲座，进行真实案例讲解。向大学生传授一些误入传销组织后应如何向政府相关部门求助以及逃离的办法等，提高大学生防范意识，并引导其树立法治观念。

03 高校要积极开展传销排查。在传销排查工作中，如果发现可疑事件，应及时向公安机关反映情况，配合工作，解救误入传销组织的同学。

2. 学校防范

01 加强校园安全管理与学生思想教育

高校应加强日常安全管理，对外来人员的出入严格核查、登记，保安人员加强巡逻，严禁非法传销人员进入高校宣传。辅导员要加强与大学生之间的情感交流，掌握学生思想动态，尤其是请假、实习、将要毕业等不在校学生的思想动态，对疑似参与传销的大学生，及时谈话，并向上级汇报，解救学生。

02 加大反传销的宣传力度

学校应广泛开展禁止传销宣传教育活动，使广大学生认清传销的欺诈本质和严重危害，可以采用大学生喜欢的宣传方式，进行反传销的教育，如通过微信、微博等新媒体平台，以小视频、漫画等形式介绍什么是传销，如何预防传销，以增强大学生防范意识，自觉抵制传销。

03 加强大学生"三观"教育和法治教育

许多大学生误入传销组织的重要因素是其世界观、人生观、价值观尚未成熟，生活阅历较浅，容易轻信他人。传销组织就是抓住大学生的这些特点，拉其进入传销组织。因此，高校在提高学生理论与专业知识水平时，更要培养其高尚的道德情操，引导学生树立正确的"三观"，自觉摒弃拜金主义、功利主义、成功主义等错误价值取向。

04 做好大学生的心理辅导

高校要加强大学生心理健康辅导，培养大学生健康的心理品质。一是开设心理健康教育相关课程，建立专门的心理咨询室。二是针对性格异常、家庭贫困、学业困难等大学生，建立特殊学生档案，定期对此类大学生进行心理疏导。三是对于从传销组织解救出来的大学生，因受到传销组织的迫害，他们可能会留下一些心理阴影，不愿意与他人接触，学校要有专业的心理老师进行心理疏导和引导，让其尽快走出误入传销的阴影，更好地回归到正常的学习生活当中。

3. 大学生自身防范

01 提高认识，增强辨别能力

大学生要进一步认识非法传销的本质和危害，提高辨别是非的能力。从思想上一定要杜绝"一夜暴富"的心理，树立正确的价值观念。在毕业找工作时要通过正规渠道，如参加学校或各人才市场公开的招聘会等。对于外地亲戚、朋友、同学介绍的工作，大学生一定要谨慎小心，提高警惕。

02 树立正确的财富观，增强法治观念

　　大学生要树立正确的财富观。一个人的成功与否，关键要看自己的付出和对社会的贡献，不能只想着走捷径。树立劳动是获得回报唯一途径的思想，靠投机、欺诈的致富，最终会受到法律的制裁，落得人财两空。所以，非法传销绝不是一条积累财富的路，而是一条不归路。大学生无论如何都要远离非法传销这条路。此外，大学生是国家未来的希望，要想成就一番事业，有所作为，就必须要牢记法治观念，明确哪些法律法规是我们要遵守的，哪些行为是法律法规明令禁止的，哪些我们该去做，哪些我们坚决不能做。那些明知传销已被国家明令禁止，明知自己上当受骗，仍迷途不返的人，最终也必将受到法律的制裁。

03 增强自身对传销的抵抗力

　　面对传销组织的极度鼓吹、诱惑，大学生要增强自己自觉抵制非法传销诱惑的能力，坚持艰苦奋斗的精神，不要盲目相信"高收入"的承诺，以免误入传销陷阱。一旦大学生陷入了传销组织，不但会损害前程，还会造成财产损失，甚至会导致家破人亡，痛不欲生。大学生如果被他人骗到外地，发现情况不妙时，一定要沉着、冷静应对，在确保人身安全的情况下，想方设法逃离。

大学生一旦误入传销组织：

01 要迷途知返，可与学校老师及父母取得联系，也可以拨打110报警，想方设法尽快逃离。

02 不能错上加错，不能在自己被骗受害后，再去骗取他人。

五、教育贴士

直销与非法传销的区别

　　传销是指组织者或者经营者发展人员，通过对被发展人员以其直接或者间接发展的人员数量或者销售业绩为依据计算和给付报酬，或者要求被发展人员以交纳一定费用为条件取得加入资格等方式牟取非法利益，扰乱经济秩序，影响社会稳定的行为。

　　直销是指销售人员以面对面的说明方式而不是固定店铺经营的方式，把产品或服务直接销售或推广给最终消费者，并计算提取报酬的一种营销方式。在不同的公司，这些直接销售人员被称为销售商、销售代表、顾问或其他头衔，他们主要通过上门展示产品、举办活动或者是一对一销售的方式来推销产品。

项目	非法传销	直销
主要业务	发展下线，上线从下线取得报酬	参加者以自己的劳务推销产品，从销售产品所产生的利润中获得报酬
进入门槛	要缴纳高额的入门费	不需要入门费，也不强行要求加入者购买产品
收入来源	参加者的入门费、培训费、资料费或强行购买产品的费用	销售产品产生的利润；直销公司从销售总收入中拨出经费作为经营资金，以支付直销员的酬金、奖金
销售形式	参加者之间相互传卖产品	单向销售产品
退货处理	不准退货或设置非常苛刻的退货条件	有犹豫期，可以在合理的冷静期内退货
产品价格	上下线之间层层加价，产品最终价格高于市场价格	统一价格
报酬承诺	向加入者许诺给予高额回报	直言只有勤奋踏实工作才能取得成功
宣传沟通	对参加者的报酬或商品质量、用途、产地做虚假宣传，诱人加入	以事实为根据，不夸大其词
人员培训	只注重励志性的观念培训	注重产品培训、销售技能、客户管理、政策法规等的培训
法律意识	截断政策法规信息流	强调遵纪守法，依法纳税

六、情境课堂

七、知识测验

（一）填空题

1. 传销是指组织者或者经营者_____，通过对被发展人员以其_____发展的_____或者_____为依据计算和给付报酬，或者要求被发展人员以_____为条件取得加入资格等方式牟取_____，扰乱经济秩序，影响社会稳定的行为。

2. 常见的传销类型有_____、_____、_____、_____、_____、_____。

3. 身陷传销组织后，六种自救方法为_____、_____、_____、_____、_____、_____。

（二）判断题

1. 大学生误入传销组织后，家长要一直按照传销人员的要求给钱。（　　）

2. 张某为某传销公司设计了一款公司网站管理软件，用于发布传销信息，计算业绩。此行为属于利用互联网传销行为。（　　）

3. 禁止传销工作应当坚持的基本原则是惩罚与教育相结合。（　　）

教学视频

第二节　加强管理　安全防盗

一、学习目标

通过本节课的学习，学生能够了解盗窃的概念，掌握高校盗窃案件的特点、易发地及被盗后的应对方法，能识别各种类型的盗窃案件，减少财产损失。

二、素养目标

培养学生的防盗能力，使其具备防盗窃的安全意识，预防各类盗窃案件的发生。

三、导入案例

四、知识正文

（一）盗窃的概念

盗窃　是指以违法占有为目的，采用规避他人管控的方式，转移而侵占他人财物管控权的行为。

盗窃罪的构成要件主要包括以下几个方面。

01　行为人实施了秘密窃取数额较大的公私财物或者多次盗窃的行为。

02　犯罪主体为不特定人，达到刑事责任年龄且具备刑事责任能力的自然人都可以构成本罪。

03　主观上具有非法占有的目的。

04 侵犯的客体是公私财物的所有权。

盗窃是高校中最多发的侵犯财产案件，发案数量通常情况下占高校中发生的刑事案件的 80%—90%。近年来，高校大学生较容易被盗的就是钱财和贵重物品，如现金、银行卡、手机、笔记本电脑、电动车等。

（二）校园内盗窃的作案主要手段

根据以往发生在高校的盗窃案件，我们可以总结出作案人在案前或者案中的主要手段。

01 借口找人，投石问路

这种作案手段主要是以找人为由打探虚实，寻找作案时机，如找同学、招募志愿者等。

02 乱闯乱窜，乘虚而入

有些作案人急于求成，突然闯入以找人、借物品等为由，一有机会就立即下手，如无法下手就道歉逃离。

03 见财起意，顺手牵羊

由于大学生缺少防范意识，作案人发现机会，将财物窃为己有，如看到宿舍内无人敞开着门，顺手将宿舍内财物盗走；也有些人存有侥幸心理，在周围无人的情况下随机将财物盗走。

04 伪装老实，隐蔽作案

有些作案人表面装出一副老实勤恳的样子，实际上是以此故意伪装，容易作案且不易被怀疑。

05 调虎离山，趁机盗窃

有些作案人声东击西，故意提供一些其他的虚假信息引诱大学生分散注意力，然后趁其不注意或者离开时进行盗窃。

06 浑水摸鱼，就地取"财"

当节假日人员流动较大时，或者学校组织较大的学生活动，人员相对较为集中时，有些作案人就会借此机会，乘人不备，进行盗窃。例如，作案人在学校组织的大学生篮球赛中趁乱进行盗窃。

07 里应外合，勾结作案

有些高校大学生联合校外人员故意合伙作案。学校学生利用自己对校园、宿舍、图书馆、教室等环境的熟悉，根据同学的特点进行作案。此类情况危害性较大，且隐蔽性较强。

08 撬门拧锁，胆大妄为

有些作案人趁学生上课、假期宿舍无人时，故意伪装成学生进入宿舍楼，溜门撬锁，入室盗窃。此类作案人非常嚣张，且对学校的环境非常熟悉，作案概率较大。

09 偷配钥匙，留宿作案

有些和大学生熟悉的人趁机偷配宿舍钥匙，寻找机会入室盗窃。还有一些大学生违反学校宿舍管理规定，擅自带以前的同学、老乡等留宿，当宿舍同学去上课时，留宿人员在宿舍内进行盗窃。

（三）高校盗窃案件的特点

近年来，各高校发生的盗窃案件的调查数据显示，在高校的各类盗窃案件中，校外人员流窜作案的比例约占53%，高校大学生作案的比例约占42%，在宿舍内借宿的校外人员作案的比例约占5%。高校大学里盗窃案件一般都是提前有预谋、有准备的，且对盗窃的环境非常熟悉，盗窃手段和方法非常娴熟，常常伴有以下几个特点。

1. 作案时间的多样性

高校盗窃案件频频发生，作案人狡猾"聪明"，不断寻找作案时机。很多发生在大学生校园、宿舍、公共场所等的盗窃案件,均是由于高校大学生在短时间内的钱物保管疏忽导致的。例如,作案者利用学生上课、课间、夜间熟睡后、新生开学报到、学生放假、实验室无人、办公室无人等时间,乘隙而入。

2. 作案目标的针对性

高校盗窃案件尤其在一些内盗案件中,作案人的目标比较明确。由于同宿舍大学生每天都生活在同一环境空间当中,加上同学之间的信任度较高,缺少戒备心理,在宿舍中自己的东西经常随便乱放,有些贵重物品也直接暴露在桌面上,柜子也不上锁,这使得作案人行窃时特别容易得手。例如,有些大学生早上起床后不关宿舍门就去洗漱、买早餐;自习时,包放在教室里就去上厕所等。这些都集中反映出作案人在作案目标、时机选择上的针对性和准确性等特点。

3. 盗窃案件的连续性

如上所述,正是因为作案人比较狡猾,所以在第一次作案成功之后,作案人往往会产生侥幸心理,再加上报案的滞后性或者破案的延迟性,作案人特别容易再次犯案从而形成一定的连续性。

4. 作案手段的多样性

作案人往往会根据不同的环境和地点,选择最佳的时机,以及对自己比较有利的作案手段进行盗窃,以获取更大的利益。作案人会利用大学生防范意识薄弱、财物疏于保管、防护设施不牢固、管理存在漏洞、管理人员失职等伺机作案,在作案手段上多种多样,如顺手牵羊、乘虚而入、翻墙入室等。

5. 作案动机的复杂性

高校盗窃案件中有些案件是作案人为了追求享乐、贪慕虚荣进行作案。步入大学后，一些学生盲目贪图虚荣，攀比心理较强，久而久之便产生行窃动机，认为盗窃"来钱快"。这类案件在大学生内盗案件中出现的比较多。少数大学生由于家庭经济条件差，无经济来源，一时鬼迷心窍实施盗窃。还有些案件是作案人为了寻求报复、泄私愤进行作案。这类案件主要是作案人针对他人或者集体的一种报复心理，有的是看不惯有钱人的姿态而进行盗窃，有的则是跟同学有矛盾转而去偷盗其财物，并进行毁坏。

6. 内盗作案的严重性

在高校尤其是发生在大学生宿舍、图书馆、校园公共场所的盗窃案件中，有一些案件是内部人员作案，这类案件主要为以下几类。

01 作案人为了满足自己的虚荣心伺机盗窃同学财物。

02 作案人一时鬼迷心窍，在同学乱放财物、疏于保管时起了一时贪念。

03 作案人由于周围环境影响，从小就有偷盗劣习无法改掉。

04 符合内部人员作案的行为，但由于没有确凿的证据，无法确定嫌疑对象。

（四）高校盗窃易发场所

高校盗窃案件中，学生宿舍、教室、运动场、图书馆、食堂等公共场所是大学生财物被盗的重点场所。每个场所容易被盗的财物也不尽相同。例如，大学宿舍中被盗的物品主要有笔记本电脑、手机、钱包等；大学食堂、图书馆等主要被盗的是书包。在大学食堂和图书馆发生的案件中，有些作案人表示在这两个地方拿包比在地上捡钱还容易，在图书馆里看书或者上自习的大学生比较容易进入专注的学习状态，会自然地放松警惕。此外，在教室、体育场等场所主要被盗的物品是手机。作案人一般会在下午四点以后到大学体育场溜达，穿着类似高校大学生，不容易引起怀疑。

（五）高校盗窃类型

01 "顺手牵羊"型

此类盗窃案件中，作案人主要是在场所无人的情况下进行盗窃。例如在大学生宿舍中，宿舍没人或者学生短暂离开、临时外出没锁门时，作案人便顺手拿走宿舍中的笔记本电脑、手机、钱包等贵重物品。

02 溜门盗窃型

此类盗窃案件主要发生于不同学院、不同班级的混合宿舍中。由于很多大学生对自己贵重物品疏于保管、随意放置，不同班级的学习、活动时间也不尽相同，容易让作案人钻空子，发生溜门盗窃。

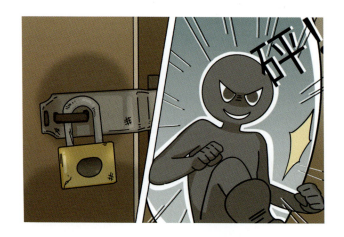

03 撬门破门型

此类盗窃案件的发生主要是由于大学生宿舍的门锁出现质量问题，不太牢固，稍微用力撬锁或踢撞，门就会打开。还有些作案人在撬开门进入宿舍后也会将抽屉、柜子、箱子等撬开，进行盗窃。

04 偷配钥匙型

此类盗窃案件中，主要是大学生周围熟悉的人利用和其的同学关系，提前有预谋地偷偷配了宿舍的钥匙，趁其他宿舍同学不在时，寻找机会，入室盗窃。

05 翻入室内型

此类盗窃案件的发生主要是由于有些宿舍没有护栏或者护栏较低，作案人可以通过翻墙、翻窗进入大学生宿舍内，趁大学生熟睡或者不在时进行盗窃。

06 "垂钓咸鱼"型

此类盗窃案件中，作案人往往用晾衣竿或者其他用具将晾在窗户或者阳台上的物品钩走。这种情况经常发生在晚上大学生熟睡之后。

07 假借推销型

此类盗窃案件中，作案人经常以推销化妆品、零食等物品为由进行踩点，待时机成熟时进行盗窃。有些是在推销时就伺机实施盗窃。

08 假认老乡型

此类盗窃案件中，作案人往往以"认老乡"为由对大学生实施盗窃，尤其是对刚入学的大一学生，或者是以困难求助为由盗取同学的银行卡及密码，从而进行盗窃。

09 外人留宿型

此类盗窃案件中，一些大学生违反学校宿舍管理规定，擅自带以前的同学、老乡等校外人员留宿，当宿舍同学去上课时，留宿人员在宿舍内进行盗窃。

（六）大学生防范盗窃的主要措施

1. 提高警惕，加强大学生自我防范意识

高校盗窃案件频频发生，虽然有一些社会因素，但大学生平时的疏忽大意、财物随意乱放、贵重物品管理不当等，都在无形之中给不法分子提供了便利条件，进而成为导致高校盗窃案频发的重要因素。在日常的生活学习中，大学生可以从以下几个方面增强安全意识，提升个人防盗能力。

01 现金数额较大时不要随意放在宿舍或者身边

大学生应该将较大数额的现金存入就近的银行，并将银行卡、身份证等分开存放。为安全起见，大学生不要将自己的出生日期、手机号、学号等作为自己银行卡的密码，以防被不法分子盗取。

02 保管好贵重物品

大学生对于自己的贵重物品，如笔记本电脑、手机、相机、平板电脑等须保管好，自己不用的时候最好锁到柜子里或者抽屉里，以防被不法分子盗走。

03 出入宿舍时随手关窗锁门

大学生在出入宿舍时要随手关窗锁门，不要怕麻烦。高校盗窃案件中的一些内盗案件主要就是由于大学生离开宿舍时没有及时关门锁门，其他宿舍同学看宿舍没人便进行盗窃。此外，若发现宿舍门锁损坏或关门后空隙过大的要及时向宿舍管理人员报修。

04 不要让外来人员随意进入宿舍

对陌生人要多留一个心眼，发现一些陌生可疑人员以上门推销、找同学、找老乡、调研等为由进入宿舍的要及时报告保卫处或宿舍公寓管理人员。

05 积极参与宿舍学生活动，共同维护宿舍的集体利益

积极参与宿舍安全值班、晚归查班等宿舍学生活动，共同维护宿舍的集体利益。若在宿舍发现可疑人员应及时报告学校老师或者宿舍管理人员。

2. 遵守纪律，严格落实高校安全管理规定

为积极营造安全稳定的生活学习环境，高校有关部门制定了相应的管理制度来规范大学生的日常行为。但一些大学生的纪律性较差，擅自违反学校管理规定，给学校、同学及个人造成了不良影响。

01 大学生不要随意留宿外来人员

高校盗窃案件中，很多大学生是因为违反宿舍管理规定擅自留宿外来人员而被盗窃，我们应该从中吸取教训。日常生活中与一些同学、老乡、朋友等交往很正常，但有些时候大学生对这些人员也并不是十分了解，让其在宿舍留宿既违反学校管理规定，又存在安全隐患。若来客实在一时无法离校，学校和周边都有招待所、酒店，可安排来客入住。

02 大学生要共同爱护学校的公共财物

有些同学为了图省事，在忘记带宿舍钥匙时，便撬锁开门；还有些同学将柜子、抽屉、书桌等损坏后又不及时报修，使其丧失了保护财物的作用。

3. 加强修养，养成良好的生活和学习习惯

高校盗窃案件中，有些不法分子产生盗窃欲望往往是受到盗窃目标的诱惑或者刺激。一些大学生在日常生活中的不良习惯给了不法分子作案的机会，如大数额的现金随意在宿舍或者他人面前显现，笔记本电脑、手机、相机等贵重物品随意在宿舍摆放，这些都容易引发盗窃。因此，加强自身财物保管是减少盗窃的有效途径。

01 团结同学

要真诚友好地与同学相处，在日常生活学习中逐渐形成互帮互助的良好风气。

02 谨慎交友

要谨慎交友，少交不靠谱的朋友，以防被其影响，引狼入室，甚至与其同流合污，成为窃取财物的帮凶。因此，大学生在平时交友的过程中一定要特别谨慎，擦亮眼睛。

（七）发生盗窃后的应对方法

1. 保护现场，及时报案

高校盗窃案件中，作案现场是真实反映作案人实际情况的重要依据。因此，在发生盗窃案件后一定要把现场保护好，以便公安侦查人员根据作案现场的痕迹及时发现作案人的犯罪证据。一旦发生盗窃案件，不要惊慌失措，在场人员要保护好现场，不能让其他人进入，更不能让其他人翻动现场任何物品。对作案人可能留下痕迹的门把手、锁头、窗户、地面等，也不能触碰、破坏，否则将不利于案件的调查取证。

2. 发现可疑，及时制止

大学生在校园内如果发现了可疑人员，一定要沉着冷静，应主动上前询问或者查证。如果发现其回答有可疑之处，首先要想方设法将其稳住，必要的时候可以组织周围学生进行围堵，并及时向学校有关部门报告，防止可疑人员情绪激动，伤及他人。若无法将其当场抓获，可以尽量记住作案人的体貌特征，如性别、年龄、胖瘦、衣着、动作习惯等，以便更好地向学校保卫处或公安机关提供较多的破案线索。

3. 及时报失，配合调查

在公安机关完成现场的勘查工作之后，经过相关人员的许可，相关同学可以进入宿舍查看自己的物品，如果发现银行卡、信用卡、饭卡等相关物品被盗，应立即打电话进行挂失或者直接到相关银行与机构办理挂失手续。

报案之后，学校保卫处或者公安机关会根据实际情况向有关同学询问具体信息，知情人员应当积极配合学校保卫处或公安机关的调查取证工作，把自己看到的实际情况如实向学校保卫处或公安机关反映。反映情况时要尽可能多地提供各种线索，不能隐瞒不说或者不报，以防延误破案时机。

五、教育贴士

（一）安全小窗

如果手机绑定了微信、支付宝、网银等，一旦丢失或者被盗后果不堪设想。千万记住，手机丢失或者被盗之后，需要马上做以下6件事。

（1）致电运营商挂失手机号。

（2）致电银行冻结手机网银。

（3）手机绑定支付宝的，拨打95188冻结账户。

（4）微信、QQ用户登录110.qq.com冻结账号。

（5）修改微博、微信、QQ等密码。

（6）到手机运营商处补手机卡。

（二）常见盗窃案例

【案例一】小常是湖北某大学应届法学硕士毕业生，虽临近毕业，但他一直没有找到合适的工作。家庭条件本就不好的他，经济上更加捉襟见肘。2020年5月的一天，小常像往常一样回宿舍。忽然，他发现公寓楼一宿舍房门大开，室内却无人，而且桌面上放着一台笔记本电脑。想起自己近来生活费紧张，小常竟不自觉走进该寝室，盗走笔记本电脑。被抓时，小常懊恼不已："知法犯法，都是一时糊涂。"

【案例二】2018年10月，来自江苏农村的朱某考取上海某大学后，看到同寝室同学穿着时髦、生活用品昂贵，而自己仅有家里每月寄来的零花钱，起先只是羡慕，后来发展为失落，便趁寝室无人或学校放假，盗窃同学的银行存折、信用卡等，提取现金后购买手机、手表等，后被法院判处拘役5个月。

【案例三】2016年10月，四川某大学学生刘某，违反宿舍管理规定，擅自将毕业班学生王某留在宿舍过夜，王某早上起来，发现该宿舍的学生都上课了，就拿刘某放在宿舍的钥匙打开他的抽屉，偷走现金后迅速离开宿舍。后被发现，王某被移送当地公安机关。

【案例四】2010年1月至3月，某高校保卫处陆续接到同学手机在寝室内被盗的报案十余起。保卫处经过布控和蹲守，终于将正在实施盗窃的嫌疑人于某抓获。经询问，于某交代其均是利用早晨6点至7点这个时间段溜入学生宿舍，看准有人去洗漱、其他人正睡觉而门未锁的时机溜门入室，将放在明处的手机迅速盗走，作案屡屡得手。

六、情境课堂

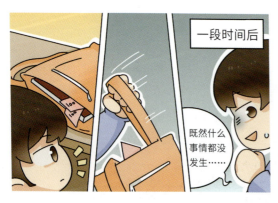

七、知识测验

（一）填空题

1. 盗窃是指以_____为目的，采用规避他人管控的方式，转移而侵占_____的行为。

2. 校园内盗窃作案主要手段有_____、_____、_____、_____、_____、_____、_____、_____。

3. 高校盗窃案件的特点是_____、_____、_____、_____、_____。

（二）单选题

1. 当发现盗窃事件时，最合适的做法是（　　）。
   A. 立刻上前，进行呵斥　　　　B. 拨打报警电话，观察、跟踪其行为
   C. 装作什么也没有看见　　　　D. 上前制服盗窃人员

2. 防止宿舍盗窃的措施为（　　）。
   A. 随手锁门，关窗　　　　　　B. 经常叫外来人员来宿舍玩耍
   C. 宿舍钥匙随意乱放　　　　　D. 宿舍贵重物品随意乱放

3. 当大学生发现财物失窃时，下列行为不当的是（　　）。
   A. 保护好现场，不随便翻动任何物品
   B. 立即通知学校保卫处，等待相关人员前来处理
   C. 对怀疑对象进行逼问、搜查
   D. 发现银行卡、信用卡被盗时，立即办理挂失手续

（三）判断题

1. 大学生宿舍的防范措施是宿舍内尽量少放现金，个人贵重的物品放在柜子里锁起来。（　　）

2.在大学宿舍中常见的盗窃的类型有顺手牵羊、乘虚而入、撬门扭锁、翻入室内、偷配钥匙等。（   ）

3.大学生宿舍大多数被盗原因不包括马虎大意，缺乏警惕。（   ）

教学视频

第三节　拒绝诱惑　防范诈骗

思维导图

一、学习目标

通过本节课学习，学生能够了解基本的防骗知识，能识别各种类型的诈骗伎俩，掌握防骗的基本技巧及被骗后的应急方法，减少财产损失。

二、素养目标

培养学生防诈骗的安全意识，预防各类诈骗案件的发生。

三、导入案例

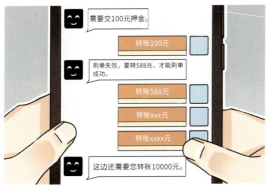

四、知识正文

（一）诈骗和电信网络诈骗

| 诈骗 | 是指以非法占有为目的，用虚构事实或隐瞒真相的方法，骗取数额较大的公私财物的行为。 |

随着互联网技术的快速发展，网络已经成为大学生学习和生活中不可缺少的一部分。在虚拟网络的掩护下，新型网络诈骗手法层出不穷，让人防不胜防。根据2022年颁布实施的《中华人民共和国反电信网络诈骗法》规定：

电信网络诈骗 是指以非法占有为目的，利用电信网络技术手段，通过远程、非接触等方式，诈骗公私财物的行为。

（二）大学生容易被骗的原因

1. 思想单纯，防范意识差

学校是一个相对闭塞的环境，许多大学生思想较单纯，社会经验不足，对一些人或者事缺乏应有的分辨能力，防范意识不强，面对陌生人时，往往会以为对方都是善意的，容易被伪装身份或者表面的虚假善意所迷惑，这种信任心理往往使他们忽略或低估潜在的风险，疏于防范，结果就会落入骗子设下的圈套。

2. 贪小便宜，急功近利

有些大学生爱贪小便宜，容易在"小甜头"面前迷失方向，结果反被诈骗分子利用，上当受骗；也有些大学生刚踏入大学校门，胸怀壮志，渴望快速成功和一夜暴富，轻易被诈骗分子开出的"高额回报"所吸引，只关注收益而没有充分了解风险，容易一时冲动，不加思考地投入资金，结果却落得"人财两空"。

3. 有求于人，轻率行事

每个人免不了有求他人相助的事，是否如愿就要看求助的是何事，求助的对象是谁。如果不分青红皂白就去寻求帮助，为达目的而轻率交友，弄不好就会上当受骗。例如，想创业而缺乏经验，急欲成名或爱慕虚荣而疏于戒备，想找到一份理想的工作而缺少门路，缺钱等等，此时就容易听信陌生"专家"，进而被骗。

4. 信息泄露和社交工程

大学生热衷在社交媒体上分享大量个人信息，包括生日、家庭背景、兴趣爱好等，殊不知这些信息可能会被电信诈骗犯罪分子利用，通过社交工程的手法制造看似真实的身份，增加诈骗的可信度。

社交工程

又可译为社会工程,是一种非传统计算机技术类的入侵手段,主要依赖于人与人之间的互动和交往。

犯罪分子会以高超的社交技巧,操控别人的心理,他们像进行建筑工程一样,以谎言"建构"出可信的情境,让受害人感到恐慌或紧张而在一时大意之下泄露个人资料,从而造成财产损失。他们可能会假扮成亲朋好友、同事或权威机构的代表,在获取更多的个人信息后实施诈骗。大学生应当学会怀疑并验证陌生人的身份,尤其是涉及金钱或敏感信息的时候,还应谨慎地保护个人信息,避免在公开平台上暴露过多个人隐私。

(三)预防措施

1. 主动学习,提高防范意识

青年大学生要积极参加学校组织的法治宣传和安全主题教育活动,多知道、多了解、多掌握一些防范诈骗知识。在生活中不要贪图便宜,不谋取私利;在提倡助人为乐、奉献爱心的同时,要提高警惕性,不能轻信花言巧语;不要把自己的家庭地址等个人信息随便告诉陌生人,以免上当受骗;不要用不正当的手段谋求工作或出国机会;发现可疑人员要及时报告,上当受骗后要及时报案、大胆揭发,让犯罪分子得到应有的法律制裁。

2. 谨慎交友,杜绝感情用事

大学生交友要做到两点:

01 择其善者而从之

真正的朋友应该建立在志同道合和双方高尚的道德情操基础之上,朋友之间是真诚的感情交流关系而不只是简单的利益关系,要学会了解、理解和谅解。

02 严格做到"四戒"

戒交低级下流之辈,
戒交挥金如土之流,
戒交吃喝嫖赌之徒,
戒交游手好闲之人。

与不同的人交往要区别对待,保持应有的理智。对于熟人或朋友介绍的人,要学会"听其言、察其色、辨其行",而不能"一是朋友,都是朋友";对于"初相识的朋友",不要轻易"掏心窝子",更不能对其言听计从,受其摆布利用;对于那些不期而至的"上门客",

态度要热情,但要小心,尽量不给他们提供单独行动的时间和空间,避免给犯罪分子创造作案条件。

3. 互相沟通,互相帮助

班集体 是大学中一个最基本的组织形式。

在班集体中,大家都有同一个学习目标,生活和学习是统一、同步的,同学间、师生间的友谊是十分宝贵的,因此相互之间应该加强沟通、互相帮助。有些交往关系,在自己认为合适的范围内可适当透露或公开,这更符合安全需要,特别是在自己觉得可能会吃亏上当时,与同学、老师多沟通或许就会得到一些帮助从而避免上当受骗。

4. 服从管理,遵守校纪校规

为了加强校园管理,学校制定了一系列管理制度和规定,其在执行过程中可能会给学生带来一些不便,但却是必不可少的。况且,绝大多数校园管理制度都是为防范闲杂人员和犯罪分子混入校园作案,以维护学生正当权益和校园秩序而制定的。因此,同学们一定要认真执行有关规定,自觉遵守校纪校规,积极支持有关部门履行管理职能。

(四)常见电信诈骗手法

1. 虚假消息类

第三章 财产安全

01 网络平台抽奖扫码诈骗

犯罪分子通过短信、电子邮件等，假冒娱乐节目或知名企业向受害人发送虚假巨额中奖通知，并以"个人所得税""手续费""保证金"等为借口进一步实施连环诈骗。

02 引诱汇款诈骗

犯罪分子以群发短信的方式直接要求对方向某个银行账户汇款，受害人由于正准备汇款，收到此类汇款诈骗信息后，往往不仔细核实，就直接把钱款打入犯罪分子账户。

03 引诱贷款诈骗

犯罪分子通过群发信息，称其可为资金短缺者提供小额短期贷款，月息低，无须担保。一旦受害人信以为真，对方即以"预付利息""保证金"等名义实施诈骗。

04 售卖考试真题诈骗

这类诈骗方式成本低、风险小，犯罪分子在各大网站留下联系方式，称其能提供考题或答案，不少考生急于求成，事先交纳预付款至指定账户，发现被骗也因理由不正当而不敢选择报警。

05 复制手机卡诈骗

犯罪分子群发信息，称其可复制手机卡，监听手机通话信息，不少受害人因个人需求主动联系，继而被对方以"购买复制卡""预付款"等名义骗走钱财。

06 伪基站诈骗

犯罪分子利用伪基站发送网银升级、10086移动商城兑换现金等虚假链接，一旦受害人点击后便在其手机上植入获取银行账号、密码和手机号的木马病毒，从而进一步实施犯罪。

07 不挂科诈骗

犯罪分子通过网络寻找临近毕业、有挂科记录的学生群体，自称是"黑客"，能侵入校园网络，帮助学生修改成绩，等汇款后，"黑客"却已消失无踪。

2. 警告通报类

01 假冒公检法等电话诈骗

犯罪分子冒充公检法工作人员拨打受害人电话，以受害人身份信息被盗用而涉嫌洗钱等理由，要求其将资金转入"国家账户"配合调查。

02 医保、社保诈骗

犯罪分子冒充医保、社保中心工作人员，谎称受害人的医保、社保账户出现异常，可能被他人冒用、透支、涉嫌洗钱、制贩毒，之后冒充司法机关工作人员以公正调查、便于核查为由，诱骗受害人向所谓的"安全账户"汇款实施诈骗。

03 补助金、救助金、助学金诈骗

犯罪分子冒充民政、残联等单位工作人员，向残疾人员、困难群众、学生家长打电话，谎称可以领取补助金、救助金、助学金，要其提供银行卡号，然后以资金到账查询为由，指示其在自动取款机上进入英文界面操作，将钱转走。

04 包裹藏毒诈骗

犯罪分子以受害人包裹内被查出毒品为由，称其涉嫌洗钱犯罪，要求受害人将钱转到"国家安全账户"，以便公正调查，从而实施诈骗。

05 虚构绑架诈骗

犯罪分子虚构受害人亲友被绑架，如要解救人质须立即打款到指定账户且不能报警，否则"撕票"。当事人往往因情况紧急，不知所措，按照嫌疑人指示将钱款打入账户。

06 冒充黑社会诈骗

犯罪分子事先获取受害人身份、职业、手机号等资料，拨打电话自称社会人员，受人雇佣要对受害人加以伤害，但受害人可以破财消灾，然后提供账号要求受害人汇款。

3. 消费陷阱类

01 低价代购诈骗	02 购物平台退款诈骗
犯罪分子在微信朋友圈假冒正规微商,以优惠、打折、海外代购等为诱饵,待买家付款后,又以"商品被海关扣下,要加缴关税"等为由要求加付款项,一旦获取购货款则失去联系。	犯罪分子冒充淘宝等购物平台客服拨打电话或者发送短信,谎称受害人拍下的货品缺货,需要退款,要求购买者提供银行卡号、密码等信息,进而实施诈骗。

03 虚假购物网站诈骗	04 机票改签诈骗
犯罪分子开设虚假购物网站或淘宝店铺,一旦受害人下单购买商品,便称系统故障,订单出现问题,需要重新激活。随后,通过QQ发送虚假激活网址,受害人填好淘宝账号、银行卡号、密码及验证码后,卡上金额即被划走。	犯罪分子冒充航空公司客服以"航班取消,提供退票、改签服务"为由,诱骗购票人员多次进行汇款操作,实施连环诈骗。

05 钓鱼网站诈骗	06 快递签收诈骗
犯罪分子伪装成银行或其他知名机构发送欺诈性电子邮件或网络站点,窃取用户提交的银行账号、密码等私密信息来进行诈骗活动。	犯罪分子冒充快递人员拨打受害人电话,称其有快递需要签收但看不清具体地址、姓名,要求受害人提供详细信息以便送货上门。随后,快递公司人员将送上物品(假烟或假酒),一旦签收,犯罪分子再拨打电话称其签收后必须付款,否则讨债公司或黑社会将来找麻烦。

4. 情感爱心类

01 冒充QQ、微信好友诈骗

犯罪分子利用木马程序盗取对方QQ或微信密码，截取对方聊天记录，熟悉对方情况后，冒充该QQ账号主人对其QQ好友以让其帮忙网上充值等为由实施诈骗。

02 交友平台伪装身份诈骗

犯罪分子利用各类交友平台"附近的人"功能查看周围朋友情况，伪装成"高富帅""白富美"，加好友骗取感情和信任后，随即以资金紧张、家人有难等各种理由骗取钱财。

03 虚构交通事故诈骗

犯罪分子虚构受害人亲属或朋友遭遇车祸，以需要紧急处理交通事故为由，要求对方立即转账。当事人因情况紧急便按照犯罪分子指示将钱款打入指定账户。

04 虚假爱心传递诈骗

犯罪分子将虚构的寻人、扶困帖子以"爱心传递"方式发布在朋友圈里，吸引大量善良网民转发，实际帖内所留联系方式绝大多数为外地号码，打过去不是收费电话就是电信诈骗。

05 "猜猜我是谁"诈骗

犯罪分子获取受害者的电话号码和机主姓名后，打电话给受害者，让其"猜猜我是谁"，随后根据受害者所述冒充熟人身份，并声称要来看望受害者。随后，编造自己被"治安拘留"，向受害者借钱，一些受害人没有仔细核实就把钱打入犯罪分子提供的银行卡内。

06 虚假药品、保健品诈骗

犯罪嫌疑人通过冒充名医、专家在电视、报纸、电话、互联网上营造"诊疗权威"假象，在骗取信任后，虚构、夸大受害人病情，高价推荐"三无"药品、保健品，进而实施诈骗。

---

5. 收益回报类

01 高薪招聘诈骗

犯罪分子通过群发信息，以高薪招聘某类专业人士为幌子，要求受害人到指定地点面试，随后以培训费、服装费、保证金等名义实施诈骗。

02 金融交易诈骗

犯罪分子以某某证券公司的名义通过互联网、电话、短信等方式散布虚假"个股内幕"信息及走势，获取受害人信任后，又引导其在自己搭建的虚假交易平台上购买期货、现货，从而骗取受害人资金。

03 兑换积分诈骗

犯罪分子拨打电话谎称受害人手机积分可以兑换智能手机，如果受害人同意兑换，对方就以补足差价等理由要求其先汇款到指定账户；或者发短信提醒受害人信用卡积分可以兑换现金等，如果受害人按照提供的网址输入银行卡号、密码等信息，银行账户的资金即被转走。

（五）防范措施

通过以上案例分析，我们可以归纳出一个诈骗公式。

诈骗公式：人物（无法准确确认其身份）+ 沟通（通过电话、短信、网络等见不到真人的方式沟通）+ 要求（汇款、转账）= 诈骗

对于微信、QQ，或者电话转账汇款的信息，不轻信、不盲从，要确认信息真伪及对方身份的真实性；通信部门、公检法等部门不会通过电话要求群众转账，不要盲目答应对方的要求。涉及转账汇款等业务时，切记要打电话核实或当面核实；始终牢记"免费的永远是最贵的"，更不要有贪图小便宜和"轻松赚快钱、赚大钱"的心理，不要轻信所谓的高额回报；不轻易点击陌生人发来的任何链接，收到兼职广告的短信不要理会，及时删除或加入黑名单。先给甜头，接下来要求付本金的兼职和"做任务"，都是诈骗。找兼职工作要去正规的招聘、中介平台和公司，签订劳务合同，以保护自己的合法权益。除此之外，同学们一旦遭遇诈骗，一定要记得在第一时间找警察、老师，可在手机上下载安装国家反诈中心 App；2021年，公安部推出全国统一的预警劝阻咨询专线电话"96110"，如遇到此号码打来的电话，请及时接听，若发现犯罪线索，也可拨打该号码举报。总之，只要同学们"歪门邪道不走，大利小利不占，谣言谎言不信，大钱小钱不转"，诈骗就会被隔绝在外。

五、教育贴士

《中华人民共和国刑法》的有关规定：

第二百六十六条 诈骗公私财物，数额较大的，处三年以下有期徒刑、拘役或者管制，并处或者单处罚金；数额巨大或者有其他严重情节的，处三年以上十年以下有期徒刑，并处罚金；数额特别巨大或者有其他特别严重情节的，处十年以上有期徒刑或者无期徒刑，并处罚金或者没收财产。本法另有规定的，依照规定。

《最高人民法院、最高人民检察院关于办理诈骗刑事案件具体应用法律若干问题的解释》的有关规定：

第一条 诈骗公私财物价值三千元至一万元以上、三万元至十万元以上、五十万元以上的，应当分别认定为刑法第二百六十六条规定的"数额较大""数额巨大""数额特别巨大"。

第七条 明知他人实施诈骗犯罪，为其提供信用卡、手机卡、通讯工具、通讯传输通道、网络技术支持、费用结算等帮助的，以共同犯罪论处。

《中华人民共和国反电信网络诈骗法》的有关规定：

第八条 各级人民政府和有关部门应当加强反电信网络诈骗宣传，普及相关法律和知识，提高公众对各类电信网络诈骗方式的防骗意识和识骗能力。

教育行政、市场监管、民政等有关部门和村民委员会、居民委员会，应当结合电信网络诈骗受害群体的分布等特征，加强对老年人、青少年等群体的宣传教育，增强反电信网络诈骗宣传教育的针对性、精准性，开展反电信网络诈骗宣传教育进学校、进企业、进社区、进农村、进家庭等活动。

各单位应当加强内部防范电信网络诈骗工作，对工作人员开展防范电信网络诈骗教育；个人应当加强电信网络诈骗防范意识。单位、个人应当协助、配合有关部门依照本法规定开展反电信网络诈骗工作。

第三十一条第一款 任何单位和个人不得非法买卖、出租、出借电话卡、物联网卡、电信线路、短信端口、银行账户、支付账户、互联网账号等，不得提供实名核验帮助；不得假冒他人身份或者虚构代理关系开立上述卡、账户、账号等。

六、情境课堂

七、知识测验

（一）单选题

1.陌生号码来电,当你无法辨别对方身份时,对方严肃地说:"我的声音你都听不出来啊。"你感觉他的声音像老师,对方随即承认。第二天,该号码再次来电,说要给领导送红包,让你帮忙转账6000元。这时,你会想（　　）。

A."什么？老师让我先垫6000元？哪有这样的老师,肯定不会有的。"

B."我这小"学渣",期末全靠老师给过呢,现在能帮老师的忙真是太好了,赶紧去转账。"

C."我一说他就承认了,这么巧？我正好有几道高数题不会,向他请教一下,借机核实身份。"

D."感觉不像老师的风格啊,赶紧按原来存的号码打过去确认一下。"

2.走在马路边,前面有个人掏手机时不小心将钱包掉在地上,边上有个阿姨马上捡起钱包,走过来说:"反正没人看见,我们把钱分了吧！"这时你应该（　　）。

A.严词拒绝,然后马上离开

B.认为反正没人看见,分就分吧

C.立刻去喊前面掉钱包的人,告诉他钱包掉了

D.立即报警

3. 下班回家的路上，你边走路边拿着苹果手机听歌，走到新华西路附近时，有辆奔驰商务车开到你身边停下，车内一名穿西装打领带、仪容整齐的男子向你打招呼，他说自己是刚从新加坡回国的商人，暂时还未办理国内手机号，现在有急事需要打电话，向你借手机一用。这时你应该（　　）。

　　A. 可以借他，但是他得熄火下车

　　B. 可以借他用用

　　C. 不借

　　D. 前面有派出所，让他去那里找警察借

4. 假期，你正在家里上网聊天，这时有个陌生人发来一条信息："轻松兼职，每天工作2小时，日入300元"，你想反正在家也是闲着，找点事做也好，于是询问对方如何兼职。对方说兼职内容是帮淘宝商户刷信誉，只要"购买"他所发链接的"商品"，确认收货后给好评即可，操作简单，每单给5元手续费，会同购买商品的钱一起打回到卡上。这时你应该（　　）。

　　A. 不信

　　B. 先买个小额的商品试试

　　C. 觉得反正闲着也是闲着，就按照他说的做

　　D. 认为这是兼职刷单诈骗，直接拨打110举报

5. 你在某同城网看到一个宠物赠送信息，是一只非常漂亮、可爱的小猫咪，而你的伴侣一直都想要一只小猫，对方留下联系方式称：添加微信号或者QQ号详聊，只需300元，就能收到这只血统名贵的小猫。这时你应该（　　）。

　　A. 打钱给他，让他寄猫给你

　　B. 认为他是骗子，不会约他见面

　　C. 一手交钱，一手交猫，或者要求他自己上门取

　　D. 立即报警

6. 你按照某短信的提示进行网银升级操作后，发现卡内的6万元莫名其妙被转走了，以下做法不正确的是（　　）。

　　A. 打电话给网站负责人理论，请求其还钱

　　B. 立刻报警，并将自己的卡号、对方的卡号、交易流水提供给公安机关

　　C. 拨打银行客服电话，将对方的银行卡密码输错3次，锁定对方银行卡

　　D. 第一时间与公安机关和银行联系，并配合冻结对方银行卡

（二）多选题

1. 有人在网上以低价向你兜售大量产品，要求先付款、后发货，这种情况往往会导致什么后果？（　　）

A. 钱给了，但没有收到货物

B. 收到货了，但质量和试用产品的质量差距太大

C. 只收到一半的货物

D. 联系人失踪

2.接到银行电话，对方称你的信用卡欠款、涉嫌洗钱或其他犯罪，随即电话转到"公安机关"或"检察院"，对方表示为了证明你的清白，你需要将所有资金转入"安全账户"接受调查。在这一事件中，我们可以根据哪些破绽发现这是诈骗电话？（　　）

A. 警方可能会通过电话了解情况，但不会在电话中办案

B. 公安机关和检察机关是两个不同的部门，不会在电话中将案件转来转去

C. 不管是公安机关还是检察机关，均不存在所谓的"安全账户"

D. 信用卡欠款是银行客服通知的，不存在直接将电话转到公安机关的情形

3.你通过QQ与一网友相恋，被骗8000元，报案时应准备哪些材料？（　　）

A. 对方与自己的QQ号码

B. 对方与自己的银行卡号

C. 对方的联系电话

D. 与对方的QQ聊天记录和通话、短信记录

4.你接到陌生人的电话，称有一款理财产品回报率高，便去银行汇款，银行工作人员怕你上当而予以阻止，这时正确的做法是（　　）。

A. 投诉该银行工作人员

B. 换一家银行汇款

C. 听取银行工作人员建议，谨慎考虑

D. 与公安机关联系，确认收款人是否有诈骗嫌疑

5.在应对陌生人求助时，要做到（　　）。

A. 不轻信　B. 不盲从　C. 谨慎判断　D. 不予理睬

6.某日，你正要去银行办理汇款业务时，收到一条手机短信："请把钱直接汇到××××银行账号就可以，户名×××"，正确的做法是（　　）。

A. 认为对方更改了收款的账号，应该直接把钱汇过去

B. 认为这是诈骗短信，骗子群发短信内容企图误导准备转账汇款的人将资金转入骗子的账号

C. 不予理睬

D. 向你准备汇款的收款人进行核实

（三）判断题

1.QQ或微信上收到好友借钱的消息，应电话联系该好友确定消息真假。（　　）

2. 李某收到一个号码尾号为 95588 的手机短信，提醒自己网银到期，须点击网址进行更新，李某知道 95588 为工行服务电话，便按照提示进行操作。（　　）

3. 和家人去吃饭，买单时你想刷卡付钱，可以将银行卡和密码直接给服务员。（　　）

4. 当你填好了应聘资料，招聘人员让你提交人事部审核。一天后，招聘人员告知你审核通过了，你已被正式录用了，并说为了确保结算工资的时候不出现问题，现在会向你的手机发送一个验证码，让你把这个验证码报给他，验证成功后就可以了。因为与应聘人员有过几天的接触，所以你觉得他可以相信，于是你上报了验证码。（　　）

5. 使用 ATM 机时用手遮住键盘。（　　）

6. 小明收到一张一百元的假钞，朋友怂恿他去小商铺花掉，小明严词拒绝，并告诉朋友使用假钞是不对的。（　　）

教学视频

第四章

金融安全

第一节　珍惜生活　远离走私

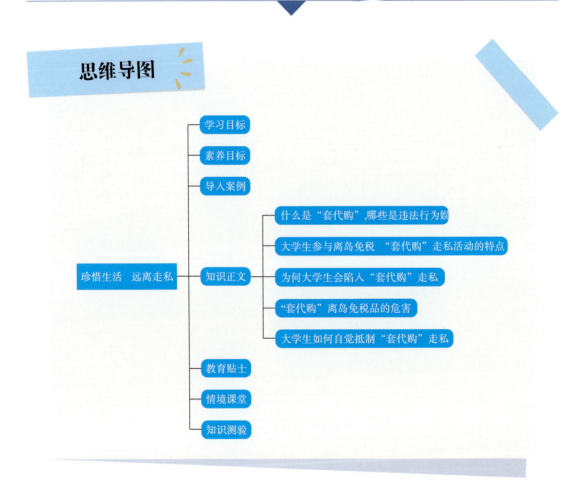

一、学习目标

通过本节课的学习，学生能够了解"套代购"走私的特点和危害，掌握科学防范"套代购"的方法，能识别各种形式的"套代购"走私违法行为，远离不良"套代购"。

二、素养目标

引导学生树立正确致富观，增强法律意识。

三、导入案例

四、知识正文

（一）"套代购"及其具体违法行为

全面推进海南自由贸易港建设　习近平总书记亲自谋划、亲自部署、亲自推动的重大国家战略。

截至 2021 年 5 月，海口海关缉私局共开展专项打击 12 轮，打掉走私团伙 80 个，抓获涉案人员 560 余人，涉案案值约 2.93 亿元，涉税约 4000 万元。在打造海南免税购物品牌以及建设国际旅游消费中心过程中有效防范走私违法犯罪风险，对海南自贸港建设至关重要。

| 代购 | 指利用本人购买额度为别人购买离岛免税品。 |

其中，不以牟利为目的，受托为亲朋好友代买离岛免税商品，或者购买离岛免税商品赠送给亲朋好友，是正常的消费行为；以牟利为目的，利用本人额度，为他人购买免税品的代购行为是违法行为。

| 套购 | 指以牟利为目的，组织利用他人购物额度购买免税品的行为。 |

离岛免税政策是指对乘飞机、火车、轮船离岛（不包括离境）旅客实行限值、限量、限品种免进口税购物，在实施离岛免税政策的免税商店内或经批准的网上销售窗口付款，在机场、火车站、港口码头指定区域提货离岛的税收优惠政策。

离岛免税政策限制条件如下：

（1）离岛旅客每年每人免税购物额度为10万元人民币，不限次数。超出免税限额、限量部分，照章征收进境物品进口税。旅客购物后乘飞机、火车、轮船离岛计为1次免税购物。

（2）离岛旅客在国家规定的额度和数量范围内，在离岛免税店内或经批准的网上销售窗口购买免税商品，免税店根据旅客离岛时间运送货物，旅客凭购物凭证在机场、火车站、港口码头指定区域提货，并一次性随身携带离岛。

（3）已经购买的离岛免税商品属于消费者个人使用的最终商品，不得进入国内市场再次销售。

离岛免税"套代购"是违法行为，情节严重会构成犯罪。以下几个方面均为违法犯罪行为。

01 以牟利为目的，为他人购买免税品或将所购免税品在国内市场再次销售

02 利用他人购买离岛免税品的资格和额度购买免税品牟取非法利益

03 导游组织游客实施"套代购"牟利，游客出让自己的离岛免税购物资格和额度牟利

04 组织他人实施"套代购"

对违反《关于发布海南离岛旅客免税购物监管办法的公告》规定倒卖、代购、走私免税商品的个人,依法依规纳入信用记录,3年内不得购买离岛免税商品;对于构成走私行为或者违反海关监管规定行为的,由海关依照有关规定予以处理,构成犯罪的,依法追究刑事责任。对协助违反离岛免税政策、扰乱市场秩序的旅行社、运输企业等,给予行业性综合整治。离岛免税店违反相关规定销售免税品,由海关依照有关法律、行政法规给予处理、处罚。

(二)大学生参与离岛免税"套代购"走私活动的特点

从海南专项打击离岛免税"套代购"走私调查来看,离岛免税"套代购"走私一般由海南、广东、广西等地的专业团伙充当组织者,通过网上招募、人力资源中介介绍等形式聚集大学生、无业或者低收入者,以及老年人做"水客"进行"套代购"。由海南本地人或者长期在海南居住的外地人具体组织人员购买,利用海港、空港等离岛方式将免税品运输到岛外,或者回流至岛内囤积后批量转卖牟利。

大学生参与离岛免税"套代购"走私大多数主要充当带货"人头"的角色,基本上处在走私链条中较"底层"的环节,但也有极少数学生充当"套代购头目"的角色。

1. 个别学生涉嫌走私犯罪

大学生聚集相对集中,便于组织"套代购"活动,参与"套代购"活动的大学生若未得到及时制止,就有可能从代购"人头"升级成为"头目"。

2. 部分学生利用实习便利发展"人头"

某学生受违法走私分子的指使,利用其在海口美兰机场实习的工作便利,凭机场通行证进入机场隔离区后寻找离岛旅客,套用其额度购买离岛免税品。

3. 多数学生寻找兼职充当"人头"

很多大学生勤工俭学，在网上寻找兼职的过程中，参与到离岛免税"套代购"走私当中。然后在收到200元至700元不等的报酬后，利用自己的离岛免税额度为他人代购离岛免税商品，最终按照"头目"的要求进行提货离岛。

（三）为何大学生会陷入"套代购"走私

"套代购"走私的"人头"：大多为高校大学生或者长期待业人员，高校大学生由于心理不够成熟，缺乏一定的辨别能力。

长期待业人员很多没有受过系统的教育，法律意识淡薄，对出让本人购物额度换取报酬属于对违法行为认识不足。另外，一些大学生由于家庭经济条件比较困难，或者存在攀比、高消费等不良习惯，极其容易受到高收入报酬的诱惑参与"套代购"走私。

1. 大学生本身心理不够成熟

大学生是还未能完全社会化的独立个体，社会阅历尚浅，看待问题缺乏一定的辨别能力，自我判断能力及防范意识薄弱。容易被诱骗参与"套代购"走私。

2. 大学生法律意识淡薄，价值观存在缺陷

通过对大学生参与"套代购"走私案件的分析，一些大学生由于经济能力有限，存在攀比、高消费的不良习惯，法律意识淡薄，缺少法律常识，可能会贪图"出借额度就能换取一定的报酬"的利益，从而成为供走私分子驱使的"人头"。

3. 部分大学生存在侥幸心理

部分参与"代购"的大学生通常存在侥幸心理，认为自己参与"套代购"的行为不会被发现。但实际上，海关缉私局根据大数据分析，已经实现了精准分析研判，只要参与"套代购"，就能被发现。

4. 家庭因素影响

一些在校大学生由于家庭经济条件贫困，他们为了给家庭减轻生活负担，想方设法去兼职赚钱，非常容易受到"套代购"走私的诱惑。家庭教育的缺失也是原因之一。父母由

于工作忙碌，很少与子女沟通交流，有些父母只关注孩子的学习成绩，忽视了对子女的安全教育。父母的关爱及教育的缺失，导致孩子容易相信他人，缺乏安全意识，容易受到"套代购"走私的诱惑。

5. 高校管理因素的不足

高校大学生参与"套代购"走私离岛免税品时有发生，一方面暴露了相关高校管理功能有待增强，对学生动态的掌握及管理存在不足，许多大学生不请假离校，去什么地方、什么时候出去的、去干什么也不向学校和老师汇报；另一方面，高校对打击"套代购"走私的宣传力度不够，一些高校很少邀请专家举办专门大型的打击"套代购"走私和自觉防范"套代购"走私违法行为的讲座或宣传活动。

（四）"套代购"离岛免税品的危害

离岛免税购物 是党中央、国务院为支持海南全面深化改革开放赋予海南特别的税收优惠政策。

随着政策的多次调整，截至2000年，免税商品种类增至45类，每人每年购物限额增至10万元，并取消单件商品8000元的免税限额规定。自此之后，代购、套购离岛免税商品的违法走私行为越来越多。

01 对个人和家庭的影响

对违反规定倒卖、代购、走私免税商品的个人，依法依规纳入信用记录，3年内不得购买离岛免税商品。情节严重的，还将给予刑事、行政处罚。参与"套代购"案件会对自己今后人生发展有重大的影响，影响就业、个人征信等。刑事案底还会对自己和子女今后的政审产生影响。大学生参与"套代购"可能还会失去评优、评奖及推荐保送升学的机会。

02　对海南自由贸易港建设的影响

用好离岛免税购物政策，是坚决贯彻落实习近平总书记重要指示精神的实际行动，是海南自由贸易港建设早期收获的具体体现，有利于彰显海南自由贸易港建设成效，有利于促进消费回流，有利于增强全体人民获得感。因此，离岛免税政策的平稳运行和良好走向，具有很好的引领示范作用。离岛免税品"套代购"，严重扰乱了离岛免税品海关监管的正常秩序，偷逃国家关税，既给国家造成了损失，也危害了海南全面深化改革的大好局面。

03　对国家发展的影响

在当前国际国内形势下，中国发展面临着严重的挑战，税收的征收对于国家发展和公益服务的作用至关重要。因此，"套代购"离岛免税品对国家的发展也会产生不良影响。

（五）大学生如何自觉抵制"套代购"走私

1. 提高认识，增强辨别能力

大学生要进一步认识"套代购"离岛免税品的本质和危害，全面知悉"套代购"违法行为的表现，提高辨别是非的能力。从思想上一定要杜绝蝇头小利的心理，树立正确的价值观念，自觉抵制"套代购"牟利行为。

2. 增强法治观念，提高法治素养

大学生必须认真学法、自觉守法，在日常生活中自觉抵制"套代购"违法行为，全面了解"套代购"离岛免税品的政策、法规，如《关于海南离岛旅客免税购物政策的公告》《海南自由贸易港建设总体方案》《中华人民共和国海关对海南离岛旅客免税购物监管办法》《中华人民共和国海关行政处罚实施条例》《中华人民共和国刑法》等，树立法治观念，提升法治素养，做到知法、懂法、守法、护法。

3. 增强自身防范意识

面对"套代购"的利益诱惑，大学生要做到以下几点。

01 增强自己自觉抵制"套代购"诱惑的意识，树立艰苦奋斗的精神

02 不将自己离岛购买的免税品转卖给他人赚取差价

03 不轻信他人以金钱诱惑而将自己的离岛信息提供给他人使用

04 不轻信兼职、勤工俭学等理由为他人代购免税品

05 不组织利用他人离岛信息进行套代购

06 积极检举"套代购"走私行为，对"套代购"行为说不

07 巩固防线，拒绝蝇头小利，坚决防范"套代购"

五、教育贴士

"套代购"走私常见案例

一些离岛免税商品的走私组织者，把"黑手"伸向了海南在校大学生。小赵去年从海南某高校大学毕业。毕业后没多久，他从一个微信聊天群得知，帮人代购免税品出岛，一趟可以赚几百元，他心动了，立马加了对方微信。

小赵按照对方约定的时间，来到琼海博鳌免税店，一名陌生男子带他和另一个人进了免税店，这名陌生男子用小赵的身份证购买了一批化妆品，金额为18580元。随后，他为小赵购买了过海的船票，告诉他到广东湛江后，会有人找他提货。第二天下午2时许，小赵在海口新海港码头准备登船时，被缉私警察现场执法截获，18580元的化妆品被缉私警察当场查缴。这时，小赵才知道自己涉嫌走私违法，后悔莫及。

六、情境课堂

七、知识测验

（一）填空题

1. 代购是利用本人购买额度为别人购买离岛免税品，其中＿＿＿＿＿＿＿为目的、购买免税品送给亲朋好友是正常的消费行为；以＿＿＿＿＿＿＿为目的，利用本人额度，为他人购买免税品的代购行为是违法行为。

2. 套购是以＿＿＿＿＿＿＿为目的，组织利用他人购物额度购买免税品的行为。

（二）单选题

1. 离岛旅客每年每人免税购物的额度是（　　）。

A.10 万元　　　　B.20 万元　　　C.5 万元　　　D.3 万元

2. 违反《关于发布海南离岛旅客免税购物政策的公告》规定倒卖、代购、走私免税商品的个人，其行为依法依规纳入信用记录，（　　）年内不得购买离岛免税商品。

A.1 年　　　　　B.2 年　　　　C.3 年　　　　D.5 年

3. 以下行为不违反海南离岛旅客免税购物政策的是（　　）。

A. 小张在市内离岛免税商店借用他人免税额度购买商品，并在提货后向相关代购人员支付好处费。

B. 小李为机场工作人员，利用职务之便套取离岛旅客信息用于购买免税商品。

C. 小王帮助他人在免税店购买免税商品，并收取一定的代购费用。

D. 小赵在离岛免税商店购买免税品并离岛后，将所购买的免税品送给亲友。

（三）判断题

1. 导游人员要求游客代购商品时，游客应该积极协助。（　　）

2. 以牟利为目的为他人购买免税品或将所购免税品在国内市场再次销售的行为属于违法行为。（　　）

3. 离岛旅客每年每人免税购物额度为 10 万元人民币，不限次数。超出免税限额、限量部分，照章征收进境物品进口税。旅客购物后乘飞机、火车、轮船离岛记为 1 次免税购物。（　　）

教学视频

第二节　珍惜信用　理性借贷

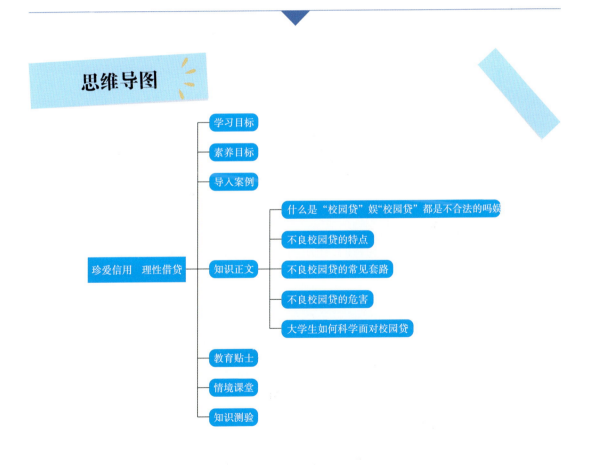

一、学习目标

通过本节课学习,学生能够认识到不良校园贷的特点和危害,掌握科学应对不良校园贷的方法,能识别各种形式非法校园贷陷阱,远离不良校园贷。

二、素养目标

培养学生树立正确理财观念,珍惜信用,理性借贷,理性消费,保护个人信息。

三、导入案例

四、知识正文

张贴在校园里、蔓延在网络上的校园贷广告，专门针对在校大学生放贷，看起来利率优惠、手续简便，背后却往往藏着陷阱。只要提供一张身份证，写一张欠条，便可获得上万元甚至数十万元额度的贷款。不良校园贷以低利息、无风险诱导消费，让贷款的学生们陷入高利贷，背上沉重的经济负担，甚至还发生多起"暴力催收"悲剧，涉事学生通常会遭受巨大财产损失甚至人身安全威胁。校园贷已成为"校园公害"。

（一）什么是校园贷？校园贷都是不合法的吗？

| 校园贷 | 指在校学生向正规金融机构或者其他借贷平台借钱的行为。 |

校园贷是否合法要看具体的情况，正规贷款机构经营、贷款人通过正规渠道取得贷款、贷款利息在法律允许的范围内，一般是合法的。

常见的校园贷有以下几种方式。

1.P2P 贷款平台（网贷平台）

| P2P 贷款平台（网贷平台） | 是 P2P 借贷与网络借贷相结合的互联网金融（ITFIN）服务网站。 |

| P2P | 是英文 peer to peer lending（或 peer-to-peer）的缩写，即个人对个人（伙伴对伙伴），又称点对点网络借款，是将小额资金聚集起来借贷给有资金需求人群的一种民间小额借贷模式。 |

为了遏制不良校园贷侵害广大学生，国家有关部门自 2016 年起就先后发布了《关于进一步加强校园网贷整治工作的通知》《关于进一步加强校园贷规范管理工作的通知》等文件，进行了联合治理，要求未经银行业监管部门批准设立的机构，一律禁止提供校园贷服务，并明令禁止互联网借贷平台以任何形式向大学生贷款。2016 年 10 月 13 日，银监会、工业和信息化部、公安部、国家互联网信息办公室等十五部委联合发布《P2P 网络借贷风险专项整治工作实施方案》，在全国范围内开展网贷风险专项整治工作，截至 2020 年 11 月中旬，全国实际运营的 P2P 网贷机构完全归零。

2. 线下私贷

线下私贷：属于民间放贷机构和放贷人这类主体，俗称高利贷。

高利贷通常会存在虚假宣传、线下签约、做非法中介、收取超高费率，以及存在暴力催收等问题，受害者通常会遭受巨大财产损失甚至威胁自身安全。

3. 小额贷款公司

小额贷款公司：是由各地市场监督管理局批准设立并监管，不吸收公众存款，只经营小额贷款业务的公司。

按照《中国银保监会办公厅关于加强小额贷款公司监督管理的通知》（银保监办发〔2020〕86 号）、《海南省小额贷款公司试点管理暂行办法》（琼府〔2009〕72 号）等监管规定要求，根据官方数据，截至 2022 年 2 月 20 日，海南已有 79 家小额贷款公司在海南省地方金融监督管理局完成备案工作，如海南罗牛山开源小额贷款有限公司、海南中金小额贷款股份有限公司等。

4. 消费金融公司

消费金融公司：指经银保监会批准，在中华人民共和国境内设立的，不吸收公众存款，以小额、分散为原则，为中国境内居民个人提供以消费为目的的贷款的非银行金融机构。

如蚂蚁金服、京东金融等。

5. 银行机构

银行机构 是依法成立的经营货币信贷业务的金融机构。

银行面向大学生提供的信贷产品有中国邮政储蓄银行的"个人教育贷款"、海南银行"个人助学贷款"等。

2021年3月17日,《中国银保监会办公厅、中央网信办秘书局、教育部办公厅、公安部办公厅、中国人民银行办公厅关于进一步规范大学生互联网消费贷款监督管理工作的通知》明确规定,小额贷款公司不得向大学生发放互联网消费贷款,进一步加强消费金融公司、商业银行等持牌金融机构大学生互联网消费贷款业务风险管理要求,明确未经监管部门批准设立的机构一律不得为大学生提供信贷服务。银行业金融机构要严守风险底线,审慎开展大学生互联网消费贷款业务。

（二）不良校园贷的特点

01 在校园内部发放宣传单或张贴小广告,或者通过微信朋友圈、QQ群等途径发布广告,打着手续简单和仅需用学生证、身份证就能申请贷款等虚假旗号诱骗在校大学生。

02 放款门槛低、额度小,后期通过收取高额手续费、服务费、担保费、罚息、违约金等手段,利滚利,翻倍速度极快,让借款人不堪重负。

03 采用骚扰、恐吓、威胁甚至暴力等手段催收欠款。

（三）不良校园贷的常见套路

01 打假借条
对借钱应急的学生,以自己需要还款保障为由,忽悠学生开出远超过借款金额的借条。

02 签假合同
通过零元购手机、兼职等借口,拿走学生身份证,签订莫须有的贷款或分期协议。

03 连环贷

围困还不起贷款的学生，逼迫其同学、朋友帮还贷款；没有能力帮忙，就逼迫同学贷款，形成连环贷。

04 校园代理发展下线

以创业组织为名，让学生分发校园贷传单、成为校园贷代理、发展下线，并抽取分成。

05 美容贷

以免费扫码美容咨询、整形没钱可以贷款、10分钟放款等形式，让学生将资金直接汇至整形医院。

06 警惕新型不良校园贷

目前仍然有"求职贷""创业贷""培训贷"等多种换了马甲的不良校园贷，被害人仅需要向非法借贷平台或借贷人提供学生证、身份证、家属电话，即可借到几千乃至上万元现金，这种校园贷还涉及"诈骗""敲诈勒索""寻衅滋事""非法拘禁"等众多刑事犯罪。

07 衍生出注销校园贷骗局

此类诈骗比较"青睐"拥有分期贷款经历的学生群体。

多数不法分子以账户"清零"才可销户为由,要求当事人将金融借贷平台的额度全部"提完",再让当事人将网贷平台的所贷款项全部转入他们指定的所谓对接账户。即便当事人未曾注册校园贷,不法分子依旧有"应对之策",比如谎称当事人身份信息被盗用来注册网贷账号,以需要配合注销为由诱导贷款套现操作。不法分子要求事主在多个贷款平台借款,提现后转入他们的"对公账户"来完成销户,并承诺会返还转账资金,当你发现被骗时,对方早已联系不上。

根据借贷平台经营规定,修改学生信息和注销账户业务属于用户自主需求业务,平台不会出现主动外呼联系用户修改、解除大学生验证信息的情况。而且合法借贷平台一般设有官方电话,不会用私人号码或者微信等方式联系用户,或让用户添加QQ群。凡是以客服名义外呼,要求更改个人信息的电话,基本都可以认定是诈骗。

根据我国《征信业管理条例》规定,金融机构没有权限随意更改个人征信信息。如果个人征信信息发生错误,只能由放贷机构修改并重新报送。中国人民银行征信中心不会以短信、电话或邮件的方式向信息主体告知涉及贷款的信息。之所以出现被诈骗事件是因为部分大学生对现实认知比较理想化,防骗意识较为薄弱,对新型诈骗手段的警惕性偏低。因此,大学生群体和职场新人必须警惕"注销校园贷"骗局,不向陌生账户转账;树立正确消费观念,办理贷款务必做好前期工作;主动学习金融消费知识,保管好个人信息。

(四)不良校园贷的危害

1. 不合理的高利息

目前贷款平台多数产品的年化借款利率在15%以上,所谓的"低利息"并不可信。0.99%的月利率只是营销把戏,为了吸引学生上当受骗,加上平台服务费、滞纳金等,年利率可高达20%以上。

2. 连累身边同学家人

有的贷款很便捷，只需要一张身份证就可以，甚至有的学生碍于人情关系等原因，用自己的身份证替别人办贷款。这种行为风险很高，因为一旦对方无力还款，剩余的债务就由"被"办理人独自承担。

3. 一旦逾期，"全方位"催款

一旦学生贷款还不上，贷款公司除了通过常规途径催款，还会采用给父母、亲友、老师群发短信，在家门口贴大字报，甚至通过安排人员上门堵截等威胁恐吓的手段向学生催款逼债。

4. 易滋生借款恶习

有的学生爱攀比，父母提供的费用不能满足其需求。为满足内心疯狂滋生的欲望，他们可能会通过校园高利贷获取资金，并沾染赌博、酗酒等恶习，甚至因无法还款而逃课、辍学。

5. 易诱发其他犯罪

放贷人利用校园高利贷诈骗学生抵押物品、保证金，或利用学生信息实施电话诈骗或骗领信用卡等。

（五）大学生如何科学面对校园贷

1. 树立正确消费观念

大学生应当以学业为重，花钱要理性，树立正确的消费观和金钱观，养成自强自立、艰苦朴素、文明健康的生活习惯，不盲目攀比，不贪图享乐，要学会制订消费计划，合理安排生活支出，做到勤俭节约、理性消费、科学消费，拒绝超前消费。

2. 保护好自己的个人信息

大学生要谨慎使用个人身份信息，保管好身份证、学生证等个人隐私。尤其不要替陌生人担保，避免承担不必要的法律责任。

3. 树立诚信意识

大学生要树立诚信意识，珍惜个人信用记录，良好的信用是无形的信誉财富。

4. 增强风险防范能力

不良校园贷机构往往采取虚假宣传的方式，以降低贷款门槛、隐瞒实际资费标准为诱饵，诱骗学生过度消费。其本质就是打着善意的幌子，行诈骗、敲诈之实。大学生应明白"天上不会掉馅饼"这一道理，对广告中的"免费""优惠""打折"要多留一份心眼，增强防范意识，提高对不良校园贷业务进行甄别、抵制的能力，切勿盲目轻信。除此之外，大学生应加强对金融知识的学习，避免掉入网贷的陷阱。

5. 用法律武器保护自己

当前一些不良网络平台虚假宣传，打着"零利息""低门槛""低成本"等旗号，诱导大学生超前消费，牟取暴利。面对诱惑，同学们应擦亮双眼、理性思考、正确判断，自觉远离不良校园贷的陷阱与圈套。一旦发现放贷者运用不法或者不良的方式催款，可及时向公安机关报案，或者向学校反映请求帮助。大学生应加强法律法规知识学习，不断提高自我保护意识，遇到问题，要学会使用法律武器。

6. 向银行业金融机构寻求正规借款渠道

大学生上学遇到经济困难时，请及时找学校资助部门。目前，我国高校资助政策体系已基本实现"三不愁"。

01 入学前不用愁

家庭经济困难的学生可以带着录取通知书，向生源地资助部门申请国家助学贷款，用来交学费和住宿费。中西部地区的家庭经济困难的新生，还可以申请一次性新生入学补助，获得路费补助和短期的生活费补助。

02 入学时不用愁

大学的新生报到现场开通了绿色通道，家庭经济困难的学生可以申请通过绿色通道办理入学。

03 入学后不用愁

入学以后，学生可以按照规定的程序申请国家奖学金、国家励志奖学金、国家助学金和国家助学贷款、勤工助学、校内奖助学金等。

大学生如果的确需要申请贷款，一定要先和父母沟通，认真评估自己的还款能力，并选择安全系数高、信用口碑好的国家正规金融机构办理。家庭贫困的大学生可以申请国家助学贷款；计划出国留学的大学生可以申请出国留学类贷款；其他有创业或者消费需求的大学生请咨询银行业金融机构办理相关业务。

五、教育贴士

《关于进一步规范大学生互联网消费贷款监督管理工作的通知》（银保监办发〔2021〕28号）的有关规定：

要加强贷后管理，确保借贷资金流向符合贷款合同规定；妥善处理逾期贷款，规范催收管理，严禁任何干扰大学生正常学习生活的暴力催收行为。

要加强大学生个人信息安全保护，建立健全和严格执行保障信息安全的规章制度，采取有效技术措施妥善管理大学生基本信息，不得向第三方机构发送借款学生信息，不得非法泄露、曝光、买卖借款学生信息。

要加强征信信息报送，按照《征信业管理条例》，将大学生互联网消费贷款所有信贷信息及时、完整、准确报送至金融信用信息基础数据库。对于不同意报送信贷信息的大学生，不得向其发放贷款。

《中华人民共和国个人信息保护法》的有关规定：

第十条　任何组织、个人不得非法收集、使用、加工、传输他人个人信息，不得非法买卖、提供或者公开他人个人信息；不得从事危害国家安全、公共利益的个人信息处理活动。

第二十八条　敏感个人信息是一旦泄露或者非法使用，容易导致自然人的人格尊严受到侵害或者人身、财产安全受到危害的个人信息，包括生物识别、宗教信仰、特定身份、医疗健康、金融账户、行踪轨迹等信息，以及不满十四周岁未成年人的个人信息。

只有在具有特定的目的和充分的必要性，并采取严格保护措施的情形下，个人信息处理者方可处理敏感个人信息。

第四十四条　个人对其个人信息的处理享有知情权、决定权，有权限制或者拒绝他人对其个人信息进行处理；法律、行政法规另有规定的除外。

最高人民法院《关于审理民间借贷案件适用法律若干问题的规定》的有关规定：

第二十五条　出借人请求借款人按照合同约定利率支付利息的，人民法院应予支持，但是双方约定的利率超过合同成立时一年期贷款市场报价利率四倍的除外。

前款所称"一年期贷款市场报价利率"，是指中国人民银行授权全国银行间同业拆借中心自2019年8月20日起每月发布的一年期贷款市场报价利率。

第二十六条　借据、收据、欠条等债权凭证载明的借款金额，一般认定为本金。预先在本金中扣除利息的，人民法院应当将实际出借的金额认定为本金。

2020年12月29日,最高人民法院印发《关于新民间借贷司法解释适用范围问题的批复》,其中明确,小额贷款公司等7类地方金融组织,属于经金融监管部门批准设立的金融机构,不适用新民间借贷司法解释。批复自2021年1月1日起施行。各地监管办法规定,一般小额贷款公司贷款利率上限放开,但不得超过法律法规、司法解释中规定的银行同类贷款利率的4倍(包含利率本数),下限为人民银行公布的贷款基准利率的0.9倍。

《征信业管理条例》的有关规定:

第十三条 采集个人信息应当经信息主体本人同意,未经本人同意不得采集。但是,依照法律、行政法规规定公开的信息除外。

第十四条 禁止征信机构采集个人的宗教信仰、基因、指纹、血型、疾病和病史信息以及法律、行政法规规定禁止采集的其他个人信息。

征信机构不得采集个人的收入、存款、有价证券、商业保险、不动产的信息和纳税数额信息。但是,征信机构明确告知信息主体提供该信息可能产生的不利后果,并取得其书面同意的除外。

第十五条 信息提供者向征信机构提供个人不良信息,应当事先告知信息主体本人。但是,依照法律、行政法规规定公开的不良信息除外。

第十六条 征信机构对个人不良信息的保存期限,自不良行为或者事件终止之日起为5年;超过5年的,应当予以删除。

在不良信息保存期限内,信息主体可以对不良信息作出说明,征信机构应当予以记载。

第十七条 信息主体可以向征信机构查询自身信息。个人信息主体有权每年两次免费获取本人的信用报告。

第十八条 向征信机构查询个人信息的,应当取得信息主体本人的书面同意并约定用途。但是,法律规定可以不经同意查询的除外。

征信机构不得违反前款规定提供个人信息。

第二十五条 信息主体认为征信机构采集、保存、提供的信息存在错误、遗漏的,有权向征信机构或者信息提供者提出异议,要求更正。

六、情境课堂

七、知识测验

（一）单选题

1. 为什么会去借校园贷？（　　）

   A. 缺乏正确的理财观念和消费观念

   B. 有良好的理财观念

   C. 父母教导

   D. 老师推荐

2. 陷入校园贷之后，该如何做？（　　）

   A. 不告诉其他人，默默承受且还清

   B. 及时和父母、老师坦白，寻求帮助

   C. 选择一个荒无人烟的地方轻生

   D. 去其他平台借款还贷

3. 下列有关校园贷说法正确的是（　　）。

   A. 校园贷可以解决燃眉之急，可多借

   B. 校园贷不存在高利息、泄露个人信息等问题，可放心借贷

   C. 校园贷不会利滚利，可放心借贷

   D. 校园贷具有高风险，切勿轻易借贷

4. 下面哪一项不是校园贷的特征？（　　）

   A. 不控制贷款的用途

   B. 不需要个人身份信息

   C. 高利率，高违约金

   D. 门槛低，手续简便

5. 下面哪一项不是正确的预防校园贷方法？（　　）

   A. 树立正确的消费观念

B. 主动学习金融、法律知识

C. 在不知名网站上填写自己的身份信息

D. 警惕"注销校园贷"骗局,不向陌生账户转账

(二)判断题

1. 某同学为了买到自己喜爱的新款手机而去申请校园贷。( )

2. 贷款公司开展校园贷业务时,可以采取仅需要学生身份证、学生证等低门槛方式发放贷款。( )

3. 贷款公司不得以手续费、滞纳金、服务费、催收费等各种名义收取高额费用,变相发放高利贷。( )

4. 贷款公司不得有泄露、恶意曝光或非法使用学生个人信息以及其他损害学生合法权益的行为。( )

5. 困难学生可申请生源地信用助学贷款用于支付在校期间学费和住宿费,超出部分可用于弥补生活费。( )

教学视频

第五章

公共卫生安全

第一节　校内饮食 安全为先

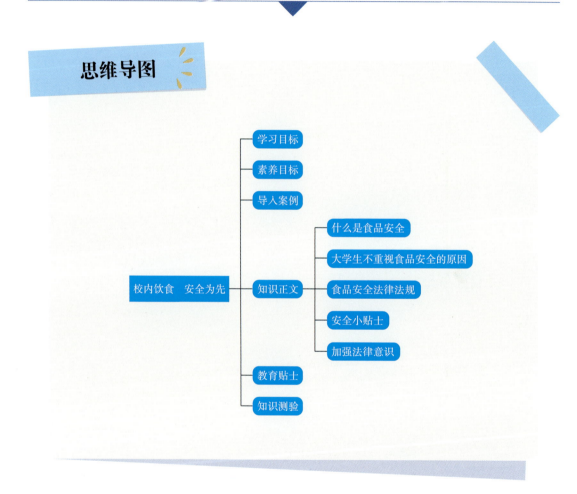

一、学习目标

通过本节课的学习，学生能够增强食品安全意识，了解食品安全知识，树立健康、科学的消费观念，积极参与食品安全的监督，能够更好地保障自身饮食安全和身体健康。

二、素养目标

学生自身对食品安全问题加以重视，掌握食品安全方面的知识，能够在法律保护的范围内正确维护自身的消费者权益，助力维护食品安全大环境。

三、导入案例

【案例一】无视食品安全隐患

四、知识正文

（一）什么是食品安全

| 食品安全 | 指食品无毒、无害，符合营养要求，对人体健康不造成任何急性、亚急性或者慢性危害。 |

根据倍诺食品安全定义，食品安全是食物中有毒、有害物质对人体健康影响的公共卫生问题。

| 食品质量安全 | 指提供的食品在营养、卫生方面满足和保障人群的健康需要。 |

（以上内容引自百度百科）

食品质量安全涉及食物是否污染、是否有毒，添加剂是否违规超标、标识是否规范等问题，需要在食品出现质量问题之前采取措施，预防食品遭遇各类危害因素侵袭。

01 食品污染导致的质量安全问题

如生物性污染、化学性污染、物理性污染等。

02 食品工业技术发展所带来的安全问题

如食品添加剂超标、非法添加非食品原料、转基因食品安全性等。

03 食品标识不规范

如伪造食品标识、缺少警示说明、虚假标注食品功能或成分、缺少中文食品标识（进口食品）等。

【案例二】热衷于网购零食小吃

2022年3月4日，黑龙江哈尔滨女大学生美美（化名）发现自己网购的某某牌鸡肉肠出现了变质，积极维权却反被嘲讽。

通过调查，各大购物平台上出现的"纯手工""绿色无添加"等三无产品，每年造成的安全问题不计其数。
部分大学生偏爱这些标注有"土特产""特色美食"等字样的零食，这些食品在线下都没有固定的经营点，很多商铺也没有向市场监督等管理部门备案，出现安全问题后维权更加困难。

（二）大学生不重视食品安全的原因

对当代大学生而言，大多数人都会以审视观望的姿态面对食品安全问题，以一句"以后不会买了"作为结语，而不深入了解相关的知识，也不重视其中隐藏的安全隐患，其原因应分为以下几点。

1. 大学食品安全教育不到位

食品安全教育是我国高校安全教育的重要内容，但是多数高校并没有做到位，这也是我们编写此内容的目的和意义。大学生缺少对食品安全的深入了解，并认为食品安全问题并不能对其生命造成威胁，产生了幸存者偏差，事实上因食品安全问题而生命垂危的人也并不少见。没有专门的食品安全课程进行宣传，大学生对相关事件的关注度仅停留在表面，仅仅是通过网络碎片信息了解到事件相关消息，这导致大学生整体的食品安全意识难以形成。

【案例三】食品消费习惯存在安全隐患

2. 大学生食品安全意识淡薄

高校都设有学生食堂，且物美价廉，安全有较高保障，但是部分大学生仍旧会选择在校外无安全保障的小摊或者夜市用餐，这些场所大都处于人员复杂的闹市，或许摊位就紧邻垃圾桶，环境脏乱差，却仍有大学生抱有侥幸心理，认为不会出现食品安全问题，这反映出部分大学生的食品安全意识薄弱。大学生以口味作为唯一选择标准，重油重盐的饮食偏好逐渐影响其身体健康。大多数大学生还远远没有意识到食品安全的重要性。

3. 大学生食品安全重视度低

许多大学生在成长阶段并没有接受足够的食品安全教育，缺乏相关知识，且对自己的身体健康不够重视，缺乏系统锻炼。

【案例四】缺乏食品安全相关认识

（三）食品安全法律法规

1. 《中华人民共和国食品安全法》
2. 《中华人民共和国农产品质量安全法》
3. 《餐饮服务食品安全操作规范》
4. 《餐饮服务许可管理办法》
5. 《中华人民共和国食品安全法实施条例》

（四）安全小贴士

1. 基本常识

01　购买食物时，注意食品包装有无生产厂家、生产日期，是否过保质期，食品原料、营养成分是否标明，有无食品安全标志。

02　打开食品包装，检查食品是否具有它应有的性状，不能食用出现腐败变质、油脂酸败、霉变、生虫等异常的食品。

03　注意个人卫生，饭前便后洗手，自己的餐具洗净消毒，不用不洁容器盛装食品。

04　少吃油炸、油煎食品。

05　避免生熟食物交叉污染。

2. 选购方法

01 看包装

产品包装严密无损，商标内容完整，品名、厂名、厂址、净重、主要成分、生产日期和保质期等清晰可见；真空包装不可出现胀气、漏气；罐装食品不可鼓盖；注意干货、散装食品是否霉变生虫；无中文标注的进口食品谨慎购买。

02 观色泽

产品色泽应与品名相符，若其颜色过于鲜艳，就有可能是添加了过量色素所致，不要购买和食用；瓶装食物如出现不明沉淀物、浑浊等问题须谨慎购买；不要过度追求"光鲜亮丽"的食品，有可能是添加了苏丹红、吊白块等非法添加物。

03 闻气味

产品香味应与品名相符，香气应柔和、不刺鼻，若有异味则表明已变质；对于部分气味特殊食品，应具备一定的辨别能力，以防误食。

04 选地点

购买食品应选择证件齐全、有安全卫生保障的超市或商场。校内商店和食堂已经由学校确认具备相应的经营资质，并且会由学校统一安排突击、月度安全卫生检查，可以放心购买；在校外，请学生自主选择有安全保障的地点购买食物，对自身健康负责。

05 留凭证

大学生对食品安全应始终保持一定的敏感度，消费后应当将发票等相关凭证及时留存，并妥善保管，在出现食品安全问题时，这些都能作为证据帮助我们维权。

3. 食物中毒

食物中毒 通常是指摄入含有大量致病菌、天然毒素或化学毒素的食物，而出现的身体不适症状。常见有头痛、头晕恶心、腹泻、发烧等症状，潜伏期短，发作剧烈。

（1）食物中毒的原因。

通常情况下，食用于 4—65℃ 的环境中放置超过 4 小时的食物，只要有细菌污染，就会导致食物中毒。原因可以大致分为以下几点。

01 食物贮存环境不适宜
02 食物没有充分烹饪熟
03 生熟食物交叉感染
04 厨具不卫生
05 食用已污染食物

（2）如何预防食物中毒？

01 不购买且不食用腐败变质、污秽不洁及其他含有害物质的食品。

02 不食用来历不明的食品，不购买无厂名、无厂址和保质期等标识不全的食品。

03 不光顾无证无照的流动摊位和卫生条件不佳的饮食店；不随意购买、食用街头小摊贩出售的劣质食品、饮料。

04 不食用在室温条件下放置超过 2 小时的熟食和剩余食品。

05 不随意吃野菜、野果，生吃瓜果要洗净。

06 进食前或便后应将双手洗净，养成吃东西之前洗手的习惯。

07 使用公筷母匙，不以口喂食。

08 除了瓜果等可生食食物，尽量少吃或不吃生肉、鱼、蛋（除无菌蛋外）等。

09 不要食用不熟悉的食物，对于"野味"要尽可能做到不买、不吃。

（3）常见的几种有毒食物。

01 青西红柿

未成熟的青西红柿含有毒性物质——龙葵素。食用这种还未成熟的青西红柿，口腔会有苦涩感，吃后可能出现恶心、呕吐等中毒症状，生吃危险性更大。

02 腐烂的生姜

腐烂的生姜会产生毒性很强的黄樟素。人吃了这种毒素，即使量很少，也能引起肝中毒。

03 烂白菜

食用腐烂的大白菜后，会使人因缺氧而产生头痛、头晕、恶心、腹胀等症状，严重时会抽筋、昏迷，甚至有生命危险。

04 未腌透的咸菜

腌菜时如果放盐量不足，腌制时间不满8天，食用时可能会亚硝酸盐中毒。

05 新鲜蚕豆

食用新鲜蚕豆可能会引起过敏性溶血综合病，出现全身乏力、贫血等症状。

06 鲜黄花菜

鲜黄花菜有毒，干品无毒。鲜黄花菜中含有秋水仙碱，这种毒素可引起嗓子发干、胃部烧灼感、血尿等中毒症状。

07 没煮熟的四季豆

四季豆中致命的毒素是皂素。如果四季豆未煮熟，它产生的皂素会强烈刺激消化道，同时四季豆中含有凝血素，具有凝血作用。此外，四季豆中还含有亚硝酸盐和胰蛋白酶，可刺激人体的肠胃，使人食物中毒，出现胃肠炎症状。

（4）食物中毒后的应急措施。

食物中毒发生后，千万不要恐慌，此时可能会出现剧烈呕吐、腹泻，同时伴有中上腹部疼痛。食物中毒时，患者通常会因上吐下泻而出现脱水症状，如口干、眼窝下陷等，此时不要自乱阵脚，可以采取以下应急措施。

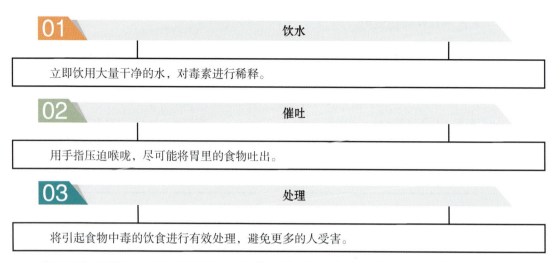

若出现紧急情况，应及时拨打120急救电话，与医生进行沟通，初步判断是否为食物中毒，及时向卫生防疫站汇报，保护现场，封存可疑食物；若食物中毒情况发生在校内，要及时上报学校，让学校后勤部门第一时间对有害食品进行筛查，对相关人员问责。

4. 理性谨慎对待食品添加剂

食品添加剂与我们朝夕共处，没有必要谈"添加剂"色变。人们对食品添加剂的刻板消极印象来自诸如苏丹红辣椒粉事件、三聚氰胺"毒奶粉"事件、工业明胶"佐料"等令人不安的食品安全违法事件，事实上这些令人恐惧的添加剂都属于非法添加物。《食品安全国家标准 食品添加剂使用标准》（GB 2760—2014）中，对于食品添加剂有明确的规定，经过若干年的研究，我们早已形成了成熟的标准。对于现代社会中的食物，添加食品添加剂是必要的，我们需要警惕的是非法添加物，例如三聚氰胺"毒奶粉"事件就是非法添加化学物质导致的，婴儿在喝下奶粉后轻则出现营养不良，重则成为"大头娃娃"。"零添加"并不意味着安全，也正是这种误区使一些不法商家有利可图。

（五）加强法律意识

食品安全与大学生息息相关，树立相关维权意识是我们的权利和义务。当发现存在食品安全违法行为时，要积极沟通，勇于举报，自觉抵制违法行为。当发现出现了食品安全隐患时，要及时留下证据，并可以拨打12345或12315进行维权。

五、教育贴士

《食品安全国家标准 食品添加剂使用标准》（GB 2760—2014）的有关规定：

3 食品添加剂的使用原则

3.1 食品添加剂使用时应符合以下基本要求：

a) 不应对人体产生任何健康危害；

b) 不应掩盖食品腐败变质；

c) 不应掩盖食品本身或加工过程中的质量缺陷或以掺杂、掺假、伪造为目的而使用食品添加剂；

d) 不应降低食品本身的营养价值；

e) 在达到预期效果的前提下尽可能降低在食品中的使用量。

3.2 在下列情况下可使用食品添加剂：

a) 保持或提高食品本身的营养价值；

b) 作为某些特殊膳食用食品的必要配料或成分；

c) 提高食品的质量和稳定性，改进其感官特性；

d) 便于食品的生产、加工、包装、运输或者贮藏。

3.3 食品添加剂质量标准

按照本标准使用的食品添加剂应当符合相应的质量规格要求。

3.4 带入原则

3.4.1 在下列情况下食品添加剂可以通过食品配料（含食品添加剂）带入食品中：

a) 根据本标准，食品配料中允许使用该食品添加剂；

b) 食品配料中该添加剂的用量不应超过允许的最大使用量；

c) 应在正常生产工艺条件下使用这些配料，并且食品中该添加剂的含量不应超过由配料带入的水平；

d) 由配料带入食品中的该添加剂的含量应明显低于直接将其添加到该食品中通常所需要的水平。

3.4.2 当某食品配料作为特定终产品的原料时，批准用于上述特定终产品的添加剂允许添加到这些食品配料中，同时该添加剂在终产品中的量应符合本标准的要求。在所述特定食品配料的标签上应明确标示该食品配料用于上述特定食品的生产。

《中华人民共和国食品安全法》的有关规定：

第五十八条 餐具、饮具集中消毒服务单位应当具备相应的作业场所、清洗消毒设备或者设施，用水和使用的洗涤剂、消毒剂应当符合相关食品安全国家标准和其他国家标准、卫生规范。

餐具、饮具集中消毒服务单位应当对消毒餐具、饮具进行逐批检验，检验合格后方可出厂，并应当随附消毒合格证明。消毒后的餐具、饮具应当在独立包装上标注单位名称、地址、联系方式、消毒日期以及使用期限等内容。

第五十九条 食品添加剂生产者应当建立食品添加剂出厂检验记录制度，查验出厂产品的检验合格证和安全状况，如实记录食品添加剂的名称、规格、数量、生产日期或者生产批号、保质期、检验合格证号、销售日期以及购货者名称、地址、联系方式等相关内容，并保存相关凭证。记录和凭证保存期限应当符合本法第五十条第二款的规定。

第六十七条 预包装食品的包装上应当有标签。标签应当标明下列事项：

（一）名称、规格、净含量、生产日期；

（二）成分或者配料表；

（三）生产者的名称、地址、联系方式；

（四）保质期；

（五）产品标准代号；

（六）贮存条件；

（七）所使用的食品添加剂在国家标准中的通用名称；

（八）生产许可证编号；

（九）法律、法规或者食品安全标准规定应当标明的其他事项。

专供婴幼儿和其他特定人群的主辅食品，其标签还应当标明主要营养成分及其含量。食品安全国家标准对标签标注事项另有规定的，从其规定。

第六十八条　食品经营者销售散装食品，应当在散装食品的容器、外包装上标明食品的名称、生产日期或者生产批号、保质期以及生产经营者名称、地址、联系方式等内容。

第七十条　食品添加剂应当有标签、说明书和包装。标签、说明书应当载明本法第六十七条第一款第一项至第六项、第八项、第九项规定的事项，以及食品添加剂的使用范围、用量、使用方法，并在标签上载明"食品添加剂"字样。

第七十一条　食品和食品添加剂的标签、说明书，不得含有虚假内容，不得涉及疾病预防、治疗功能。生产经营者对其提供的标签、说明书的内容负责。

食品和食品添加剂的标签、说明书应当清楚、明显，生产日期、保质期等事项应当显著标注，容易辨识。

食品和食品添加剂与其标签、说明书的内容不符的，不得上市销售。

第一百零四条　医疗机构发现其接收的病人属于食源性疾病病人或者疑似病人的，应当按照规定及时将相关信息向所在地县级人民政府卫生行政部门报告。县级人民政府卫生行政部门认为与食品安全有关的，应当及时通报同级食品安全监督管理部门。

县级以上人民政府卫生行政部门在调查处理传染病或者其他突发公共卫生事件中发现与食品安全相关的信息，应当及时通报同级食品安全监督管理部门。

第一百三十一条　违反本法规定，网络食品交易第三方平台提供者未对入网食品经营者进行实名登记、审查许可证，或者未履行报告、停止提供网络交易平台服务等义务的，由县级以上人民政府食品安全监督管理部门责令改正，没收违法所得，并处五万元以上二十万元以下罚款；造成严重后果的，责令停业，直至由原发证部门吊销许可证；使消费者的合法权益受到损害的，应当与食品经营者承担连带责任。

消费者通过网络食品交易第三方平台购买食品，其合法权益受到损害的，可以向入网食品经营者或者食品生产者要求赔偿。网络食品交易第三方平台提供者不能提供入网食品经营者的真实名称、地址和有效联系方式的，由网络食品交易第三方平台提供者赔偿。网络食品交易第三方平台提供者赔偿后，有权向入网食品经营者或者食品生产者追偿。网络食品交易第三方平台提供者作出更有利于消费者承诺的，应当履行其承诺。

六、知识测验

（一）判断题

1. 吃下去不会发生食物中毒的食品就是安全的食品。（   ）
2. 海鲜味道鲜美，生吃是最好的食用方式。（   ）
3. 冰箱温度低，食物不易变质，可以长时间存放食物。（   ）
4. 保质期不是判断食品是否变质的唯一标准，存放方式、环境变化等因素也可能会引起食物过早变质，所以食品应在保质期内尽早食用。（   ）
5. 泡菜轻微涨袋但闻起来味道没什么变化，可以吃。（   ）
6. 反复烧开的水含亚硝酸盐，不宜饮用。（   ）
7. 生熟食物必须分开放置。（   ）
8. 含有食品添加剂的食品是不安全的。（   ）
9. 不适当的储存温度、储存时间可造成细菌生长繁殖而使食品变质。（   ）
10. 野生鱼自然成长，无需担心非法添加剂等人为食品安全风险，因此一定比人工养殖的鱼更安全。（   ）

（二）选择题

1. 你认为下列哪种场所售卖的食品更加安全（   ）。
 A. 学校附近路边摊　　B. 无卫生许可证的小店
 C. 正规超市　　D. 不知道
2. 对于饮食安全，你认为下列哪种做法是正确的（   ）。
 A. 膨化食品味美可口，可以经常吃
 B. 夏天气温高，可多喝冷饮来降温
 C. 合理膳食，多吃谷物和水果
 D. 不知道
3. 食用没有煮熟的四季豆导致中毒的原因是（   ）。
 A. 皂素　　B. 秋水仙碱　　C. 龙葵素　　D. 以上都不是
4. 鲜黄花菜中含有的毒素是（   ）。
 A. 龙葵素　　B. 皂素　　C. 秋水仙碱　　D. 以上都不是
5. 在腐烂的蔬菜以及放置过久的煮熟蔬菜中，以下哪种有害物质的含量会明显增加？（   ）
 A. 组胺类物质　　B. 无机砷　　C. 甲基汞　　D. 亚硝酸盐

（三）填空题

1. "三无"食品是指_____、_____、_____。

2. 食品标签的内容主要有＿＿＿＿＿＿、＿＿＿＿＿＿、＿＿＿＿＿＿、＿＿＿＿＿＿、＿＿＿＿＿＿、＿＿＿＿＿＿等。

第二节　重视传染病　远离传染源

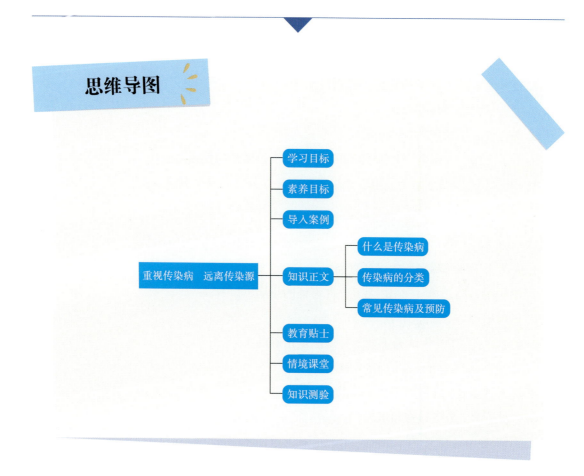

一、学习目标

通过本节课的学习，学生能够了解传染病的概念、分类以及特点，能够养成科学的生活习惯，做到对传染病早发现、早诊断、早报告、早隔离。

二、素养目标

培养学生树立防患于未然的意识，积极配合传染病防治政策的执行。

三、导入案例

四、知识正文

（一）什么是传染病

| 传染病 | 即传染性疾病，是指由各种病原体引起的，能在人与人、动物与动物或人与动物之间相互传播的疾病。 |

（二）传染病的分类

根据《中华人民共和国传染病防治法》及国家卫生健康委的相关公告，目前我国的传染病分为甲类、乙类和丙类三大类。

| 甲类传染病（2种） | 鼠疫、霍乱。 |

乙类传染病（28种）	猴痘、新型冠状病毒感染、传染性非典型肺炎、艾滋病、病毒性肝炎、脊髓灰质炎、人感染高致病性禽流感、麻疹、流行性出血热、狂犬病、流行性乙型脑炎、登革热、炭疽、细菌性和阿米巴性痢疾、肺结核、伤寒和副伤寒、流行性脑脊髓膜炎、百日咳、白喉、新生儿破伤风、猩红热、布鲁氏菌病、淋病、梅毒、钩端螺旋体病、血吸虫病、疟疾、人感染H7N9禽流感。
丙类传染病（11种）	流行性感冒、流行性腮腺炎、手足口病、风疹、急性出血性结膜炎、麻风病、流行性和地方性斑疹伤寒、黑热病、包虫病、丝虫病，除霍乱、细菌性和阿米巴性痢疾、伤寒和副伤寒以外的感染性腹泻病。

（三）常见传染病及预防

1. 登革热

登革热	由登革病毒经蚊媒传播引起的急性虫媒传染病。

（1）病因。

登革热是由登革病毒引发的急性传染病，主要通过蚊媒特别是伊蚊传播，多在热带与亚热带地区流行，我国广东、香港、澳门等地是登革热流行区。由于本病系由伊蚊传播，故流行有一定的季节性，一般为每年的5—11月，高峰期为7—9月。

（2）临床表现。

典型症状包括持续发热、头痛、肌肉痛、关节痛等，严重时可致死亡。潜伏期为3—14日，平均为4—7日。临床上将登革热分为典型、轻型和重型。

①典型登革热。

01 发热起病大多突然，体温迅速达39℃以上，一般持续2—7日，热型多不规则，部分病例于第3—5日体温降至正常，1日后又再升高，呈双峰热。儿童病例起病较缓、热度也较低。发病时伴有头痛、背痛、肌肉关节疼痛、眼眶痛、眼球后痛等全身症状。可有感觉过敏、恶心、呕吐、腹痛、食欲差、腹泻和便秘等消化道症状。颜面和眼结膜充血，颈及上胸皮肤潮红。发热期可出现相对缓脉。

02 皮疹于发病后2—5日出现，初见掌心、脚底或躯干及腹部，渐次延及颈和四肢，部分患者见于面部，可为斑丘疹、麻疹样皮疹、猩红热样皮疹、红斑疹，稍有刺痒，也有在发热最后1日或在热退后，于脚、腿背后、踝部、手腕背面、腋窝等处出现细小淤斑，1—3日内消退，短暂遗留棕色斑，一般与体温同时消退。

03 出血于发病后5—8日，约半数病例可出现不同部位、不同程度的出血，如鼻衄、皮肤淤点、胃肠道出血、咯血、血尿、阴道出血等。

04 淋巴结可有轻度肿大，伴轻触痛。可有肝大，脾大少见。个别病例有黄疸。病后患者常感虚弱无力，完全恢复常需要数周。

②轻型登革热。

症状体征较典型登革热轻，发热及全身疼痛较轻，皮疹稀少或不出疹，没有出血倾向，浅表淋巴结常肿大，其临床表现类似流行性感冒，易被忽视，1—4天痊愈。

③重型登革热。

患者早期表现与典型登革热相似，在病程第3—5日病情突然加重，出现剧烈头痛、恶心、呕吐、意识障碍、颈强直等脑膜炎表现。有些表现为消化道大出血和出血性休克。本型患者病情发展迅速，多因中枢性呼吸衰竭和出血性休克在 24 小时内死亡。

（3）预防措施。

01 管理感染源

加强国境卫生检疫，特别是地方性流行区或可能流行地区要做好登革热疫情监测预报工作，尽快进行特异性实验室检查，识别轻型患者，早发现，早诊断，及时隔离治疗。对可疑患者应进行医学观察，患者应隔离在有纱窗纱门的病房内，隔离时间应不少于 5 日。

02 切断传播途径

防蚊、灭蚊是预防本病的根本措施。应改善卫生环境，消灭伊蚊滋生地，清理积水，喷洒杀蚊剂消灭成蚊。

03 保护易感人群

易感人群应提高抗病力，注意饮食均衡营养，劳逸结合，适当锻炼，增强体质。在登革热流行期间，易感人群应涂抹昆虫驱避剂，以防蚊虫叮咬。

2. 肺结核

结核病 指由结核分枝杆菌引起的慢性传染病，可侵及许多脏器，以肺部结核感染最为常见。排菌者为其重要的传染源。

人体感染结核菌后不一定发病，当抵抗力降低或细胞介导的变态反应增高时，才可能引起临床发病。若能及时诊断，并合理治疗，大多可获临床治愈。

（1）传播途径。

肺结核主要通过呼吸道传播，患者咳嗽、打喷嚏、大声说话或吐痰时，将带有结核杆菌的飞沫排出体外，形成带菌微滴飘浮在空气中，被他人吸入后造成感染。与结核病人有长期密切接触的人感染的可能性非常高，一个肺结核病人每年可能感染 10—15 人（或更多）。

然而，并不是所有结核杆菌携带者都会发病。部分潜伏感染者的机体能自动清除病菌，更多人潜伏感染的状况可持续数年，甚至一辈子也不会发病，这与机体的免疫状态密切相关。处于结核病潜伏期的人，结核杆菌在人体内处于一种休眠状态，并不活跃，也没有传染性。

（2）临床表现。

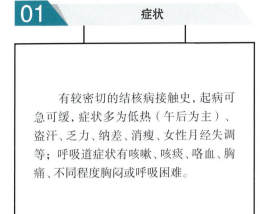

01 症状	02 体征
有较密切的结核病接触史，起病可急可缓，症状多为低热（午后为主）、盗汗、乏力、纳差、消瘦、女性月经失调等；呼吸道症状有咳嗽、咳痰、咯血、胸痛、不同程度胸闷或呼吸困难。	肺部体征依病情轻重、病变范围不同而有差异，早期、小范围的结核不易查到阳性体征，病变范围较广者叩诊呈浊音，语颤增强，肺泡呼吸音低且有湿啰音。晚期结核肺部会纤维化，局部收缩使胸膜塌陷和纵隔移位。结核性胸膜炎者早期有胸膜摩擦音，形成大量胸腔积液时，胸壁饱满，叩诊浊实，语颤和呼吸音减低或消失。

（3）预防措施。

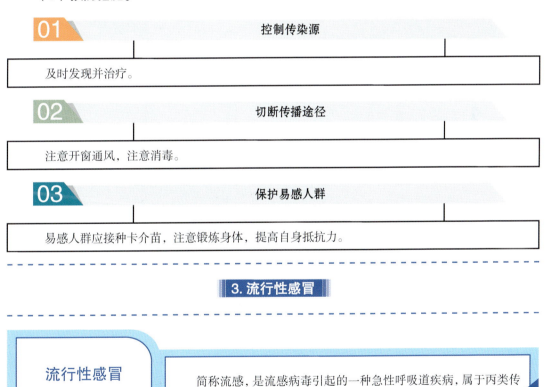

01 控制传染源

及时发现并治疗。

02 切断传播途径

注意开窗通风，注意消毒。

03 保护易感人群

易感人群应接种卡介苗，注意锻炼身体，提高自身抵抗力。

3. 流行性感冒

流行性感冒 简称流感，是流感病毒引起的一种急性呼吸道疾病，属于丙类传染病。

流行性感冒在中国以冬春季多见，临床表现以高热、乏力、头痛、咳嗽、全身肌肉酸痛等症状为主，而呼吸道症状较轻。流感病毒容易发生变异，传染性强，人群普遍易感。流行性感冒的发病率高，历史上在全世界引起多次暴发流行，是全球关注的重要公共卫生问题。

（1）传播途径。

流感主要以打喷嚏和咳嗽等飞沫传播为主，流感病毒在空气中大约存活半小时，经口腔、鼻腔、眼睛等黏膜直接或间接接触可感染，通过接触被病毒污染的物品等途径也可感染。在人群密集且封闭、通风不良的场所，流感也可能以气溶胶形式传播。流感患者及隐性感染者为主要传染源。患者发病后1—7天有传染性，病初2—3天传染性最强。

（2）临床表现。

流感一般表现为急性起病，前驱期有乏力症状，很快出现高热（可达39—40℃）、畏寒、寒战、头痛、全身肌肉关节酸痛等全身中毒症状，可伴或不伴鼻塞、流鼻涕、咽喉痛、干咳、胸骨后不适、颜面潮红、眼结膜充血等局部症状。

流感病程通常为4—7天，少数患者咳嗽可能持续数周之久。儿童发热程度通常高于成人，患乙型流感时恶心、呕吐、腹泻等消化道症状较成人多见。新生儿可表现为嗜睡、拒奶、呼吸暂停等。

（3）预防措施。

01 疫苗接种

每年接种流感疫苗是预防流感最有效的手段，可以显著降低接种者罹患流感和发生严重并发症的风险。

02 药物预防

药物预防不能代替疫苗接种。对于没有接种疫苗或接种疫苗后尚未获得免疫能力的重症流感高危人群，可以考虑将药物预防作为紧急临时预防措施，可服用奥司他韦、扎那米韦等药物。

03 一般预防措施

保持良好的个人卫生习惯：勤洗手，保持生活办公环境整洁、通风良好，流感流行季节减少前往人群密集场所。保持良好的呼吸道卫生习惯：打喷嚏或咳嗽时，用上臂或纸巾遮住口鼻，其后洗手。出现流感样症状时，主动自我隔离，外出公共场所宜戴口罩。

4. 新型冠状病毒感染

新型冠状病毒感染 简称"新冠病毒感染"，世界卫生组织命名为"2019 冠状病毒病"，是指 2019 新型冠状病毒感染导致的肺炎。

2019 年 12 月，湖北省武汉市部分医院陆续发现了多例有华南海鲜市场暴露史的不明原因肺炎病例，证实为 2019 新型冠状病毒感染引起的急性呼吸道传染病。

2020 年 2 月 11 日，世界卫生组织总干事谭德塞在瑞士日内瓦宣布，将新型冠状病毒感染的肺炎命名为"COVID-19"。2 月 22 日，国家卫生健康委发布通知，"新型冠状病毒肺炎"英文名称修订为"COVID-19"。此病毒是一种动物源性病毒，目前尚无特效药。

2022 年 12 月 26 日，国家卫生健康委发布公告，将"新型冠状病毒肺炎"更名为"新型冠状病毒感染"。

（1）传播途径。

其传播途径主要为直接传播、气溶胶传播和接触传播。直接传播是指患者打喷嚏、咳嗽、说话的飞沫、呼出的气体近距离直接吸入导致的感染；气溶胶传播是指飞沫混合在空气中，形成气溶胶，吸入后导致感染；接触传播是指飞沫沉积在物品表面，接触污染手后，再接触口腔、鼻腔、眼睛等黏膜，导致感染。

（2）临床表现。

大多数患者的表现以下呼吸道症状为主，常见临床表现包括发热、四肢乏力、干咳等症状，其他表现包括鼻塞、流鼻涕、头痛、咽痛、咳血、咳痰或腹泻等。部分患者仅表现为低热、轻微乏力等，无肺炎表现。还有部分患者无任何临床表现。重症患者会引发多种并发症，包括急性呼吸窘迫综合征、脓毒症休克、全身炎症反应综合征、难以纠正的代谢性酸中毒、急性心肌损伤和凝血功能障碍等。

（3）预防措施。

根据国家卫生健康委公布的相关方案，个人应遵循以下预防措施。

01　疫苗接种

响应国家的疫苗接种政策，3岁以上适龄无接种禁忌人群应接种疫苗，做到"应接尽接"，保护个人健康。

02　个人防护

倡导公众遵循防疫基本行为准则，坚持勤洗手、戴口罩、常通风、公筷制、保持社交距离、遵守咳嗽礼仪、日常清洁消毒等良好卫生习惯和合理膳食、适量运动的健康生活方式。

5. 急性出血性结膜炎

急性出血性结膜炎

由细菌感染引起，致病菌包括流感嗜血杆菌、肺炎链球菌、Koch-Weeks杆菌和金黄色葡萄球菌等，是结膜炎的一种类型，又称急性卡他性结膜炎，俗称红眼病。任何人群、年龄段均可感染，发病率与年龄和季节相关。传染性强，多见于春秋季，可以散发感染，易发生于人群密集场所。

2023年9月，刚开学不久，海南某高校班主任反馈班级有同学得了"红眼病"，班主任当机立断让学生回家休息。学校人员较为密集，稍不注意会造成更多学生感染。学生及家长也比较重视，立即就医。与此同时，学校后勤部门用消杀用品对该楼栋进行整体消杀，因为行动比较迅速，其他同学并未感染。

（1）传播途径。

主要为直接接触和间接接触，包括接触被病原体污染的手部和污染物。与患者对视并不会传染红眼病。

（2）症状表现。

> 起病急，发展快。典型症状为眼睛发红、分泌物多、自觉眼睛磨痛、有异物感。可有头痛、发热、视物模糊等其他伴随症状。

（3）预防措施。

01 严格注意个人卫生、集体卫生。提倡勤洗手、洗脸，不用手或衣物擦拭眼部。

02 急性期患者应隔离，避免传染，防止流行。单眼患病时应防止另一只眼感染。

03 严格消毒病人用过的洗脸用具、手帕及其接触的医疗器皿。

04 在接触病人后必须洗手消毒，以防止交叉感染。

---

6. 艾滋病

艾滋病 是一种危害性极大的传染病，由人类免疫缺陷病毒（HIV）引起。

HIV 是一种能攻击人体免疫系统的病毒。它把人体免疫系统中最重要的 CD4+T 淋巴细胞作为主要攻击目标，大量破坏该细胞，使人体丧失免疫功能。因此，人体易于感染各种疾病，并发生恶性肿瘤，病死率较高。HIV 在人体内的潜伏期平均为 8—9 年，在艾滋病病毒潜伏期内，感染者可以没有任何症状地生活和工作。

（1）传染途径。

> 感染 HIV 的人都是本病的传染源，包括 HIV 感染者和艾滋病患者。HIV 主要存在于传染源的血液、精液、阴道分泌物、脑脊液、胸腹水、羊水和乳汁等体液中，其感染和传播途径如下。

01 性传播：包括不安全的同性、异性性接触

02 血液传播：包括共用针具静脉注射毒品、不规范的介入性医疗操作、不安全的文身等

03 母婴传播：包括宫内感染、分娩时和哺乳时传播

（2）临床表现。

发病人群以青壮年为主，发病年龄主要为18—45岁，即性生活较活跃的年龄段。在感染艾滋病后往往会患上一些罕见的疾病，如肺孢子虫肺炎、弓形虫病、非典型性分枝杆菌与真菌感染等。

HIV感染后，最开始的数年至10余年可无任何临床表现。一旦发展为艾滋病，病人就会出现各种临床表现。一般初期的症状与普通感冒、流感一样，可有全身疲劳无力、食欲减退、发热等。随着病情的加重，症状日渐增多，如皮肤、黏膜出现白念珠菌感染，出现单纯疱疹、带状疱疹、紫斑、血疱、淤血斑等；以后渐渐侵犯内脏器官，出现原因不明的持续性发热，可长达3—4个月；还可出现咳嗽、气促、呼吸困难、持续性腹泻、便血、肝脾肿大、并发恶性肿瘤等。艾滋病的临床症状复杂多变，每个患者不会出现上述所有症状。病毒侵犯肺部时常出现呼吸困难、胸痛、咳嗽等；侵犯胃肠可引起持续性腹泻、腹痛、消瘦无力等；还可侵犯神经系统和心血管系统。

（3）预防措施。

目前尚无预防艾滋病的有效疫苗，因此最重要的是采取预防措施，具体措施如下。

01 坚持洁身自爱，不卖淫、嫖娼，避免高危性行为。

02 严禁吸毒，不与他人共用注射器。

03 不要擅自输血和使用血制品，要在正规医院医生的指导下进行。

04 不要借用或共用牙刷、剃须刀、刮脸刀等个人用品。

05 使用安全套是性生活中有效的预防性病和艾滋病的措施之一。

06 要避免直接与艾滋病患者的血液、精液、乳汁接触，切断传播途径。

五、教育贴士

传染病是指由病原微生物感染人体后产生的有传染性、在一定条件下可造成流行的疾病。传染病之所以能够流行，离不开三个基本条件：传染源、传播途径和易感人群，所以要从这三方面入手预防传染病。

（1）管理传染源。传染源可以是患者、隐性感染者、携带者及被感染的动物。对于已经确诊的患者，要尽早隔离。对隐性感染者和携带者要进行临床观察。对于被感染的动物，牛羊、鸡鸭等能够带来经济效益的应当尽力治疗，无法治愈的在宰杀后也要进行消毒处理；蟑螂、苍蝇、蚊子等害虫则要毫不留情地消灭。

（2）切断传播途径。各种传染病都有其特有的传播方式，呼吸系统传染病一般都是通过空气中的飞沫传播，如SARS，可以让人们戴上口罩，尽量少去人多的公共场所；消化系统传染病多是经过粪—口或是直接接触病人分泌物而感染上的，如痢疾、蛔虫病，这就要求人们勤洗手，不要随意接触病人的物品等。

（3）保护易感人群。并不是所有接触了传染源的人都会被传染，只有当这个人对于该疾病免疫力较低的时候，才会有很大可能患病。平时可以靠加强营养、锻炼身体来提高免疫系统的抵抗力，但是对传染病来说，更有效果的预防手段还是进行疫苗接种。

绝大部分传染病是可以治疗的。在科技不发达的时代，许多传染病曾经被称为"不治之症"。随着科学的发展，人类战胜疾病的速度越来越快，能力也越来越强。在科技发达的今天，人类拥有数千年与传染病斗争的经验，以及各种针对不同传染病的病原体的特效治疗方法、手段及药物，只要依靠现代医学，做到早期诊断、早期治疗、防治结合及中西医结合治疗，大多传染病都是可以治疗的，人类终将战胜疾病！

六、情境课堂

七、知识测验

（一）单选题

1. 目前我国的传染病分为（　　）。
   A. 三类　　　B. 四类　　　C. 五类　　　D. 六类

2. 甲类传染病有（　　）。
   A. 禽流感　　　B. 鼠疫　　　C. 狂犬病　　　D. 肺结核

3. 关于预防传染病的一般措施，错误的是（　　）。
   A. 控制传染源　　　B. 切断传播途径
   C. 不要待在户外　　　D. 保护易感人群

4. 关于流行性感冒，描述错误的是（　　）。
   A. 季节性强　　　B. 传播快　　　C. 传染性强　　　D. 范围小

（二）多选题

养成饮食前先洗手的习惯，主要是洗去手上的（　　）。
A. 病菌　　　B. 灰尘　　　C. 寄生虫　　　D. 残留农药

教学视频

第三节　拒毒禁毒　自身做起

一、学习目标

通过本节课的学习,学生能够了解毒品的定义、分类以及危害,能够辨识毒品以及易涉毒场所,能够形成科学的生活方式,掌握预防毒品侵害的方式方法。

二、素养目标

培养学生树立防患于未然的意识,养成积极抵制毒品的行为习惯,珍爱生命,远离毒品。

三、导入案例

【案例一】18岁女孩为减肥而吸毒

【案例二】陈某因注射海洛因被司法机关批准逮捕

案例一中的女孩因减肥走上吸毒之路；案例二中的大学生陈某因吸食毒品走上盗窃犯罪的道路。这些案例都充分说明：一个人只要染上了毒品，就走上了一条不归之路；一个家庭中只要有一个人染毒，这个家庭就会失去往日的宁静、和谐、幸福和快乐，最终是"一人吸毒，全家遭殃"！

吸毒必然导致倾家荡产

一方面，吸毒会导致吸毒者自身患上一些疾病，甚至最终完全丧失劳动能力，这必然会给家庭带来沉重的经济负担。另一方面，吸毒要挥霍大量的钱财，这样的巨额花费，一般家庭根本承受不了，就算是家庭再富裕，一旦某位家庭成员染上毒瘾，也会很快倾家荡产，"资不抵吸"！当家里的生活费用都拿去购买毒品，家庭生活的窘迫程度可想而知，要是吸毒的恶习再传给其他家庭成员，由"一人吸毒"演变成"举家吸毒"，最后只能变卖家产，四处借钱、骗钱，整个家也就毁了。

吸毒往往会导致家庭暴力与犯罪

不少吸毒者为了获取钱财购买毒品而谋害家人，或者干脆拉家人下水，以方便自己吸毒。有的吸毒者在毒瘾发作时的疯狂状态下杀死亲人；或是亲人在逃避无路、忍无可忍的情况下"了结"了吸毒者；再或是亲人在极度绝望的情况下选择自杀。这样的悲剧屡见不鲜，若沾上毒品不能自拔，必然会导致家庭的彻底毁灭。

吸毒必然导致亲情丧失殆尽

沉痛的教训表明，吸毒会导致家庭关系破裂。吸毒者大都趋向于自我封闭，且情绪不稳定，对人的情感需求漠不关心，吸毒行为影响吸毒者与家人的情感交流。

> **染毒家庭中的子女的命运往往更为可悲**
>
> 吸毒者中不少人会发生人格变异、道德沦丧，甚至会失去理智，对子女张口就骂、动手就打。尤其是在吸食毒品之后，精神高度兴奋或者抑郁难忍的吸毒者常常会殴打和虐待子女。父母吸毒，会严重影响下一代的生理和心理健康，无论是家庭经济状况的恶化还是家庭关系的破裂，都必然给子女们造成伤害。

四、知识正文

（一）法律法规

吸毒：国际上习惯将麻醉药品和精神药品的"滥用"称为"吸毒"，吸毒是出于非医疗目的，通过注射、口服、鼻吸或其他方式将毒品摄入人体的行为。

《中华人民共和国刑法》第三百五十七条和《中华人民共和国禁毒法》第二条规定：

> 毒品，是指鸦片、海洛因、甲基苯丙胺（冰毒）、吗啡、大麻、可卡因，以及国家规定管制的其他能够使人形成瘾癖的麻醉药品和精神药品。

《中华人民共和国治安管理处罚法》第七十二条第三款规定：

> 吸食、注射毒品的，处10日以上15日以下拘留，可以并处2000元以下罚款；情节较轻的，处5日以下拘留或者500元以下罚款。

《中华人民共和国刑法》第三百五十三条规定：

> 引诱、教唆、欺骗他人吸食、注射毒品的，处3年以下有期徒刑、拘役或者管制，并处罚金；情节严重的，处3年以上7年以下有期徒刑，并处罚金。强迫他人吸食、注射毒品的，处3年以上10年以下有期徒刑，并处罚金。引诱、教唆、欺骗或者强迫未成年人吸食、注射毒品的，从重处罚。

（二）毒品的分类

01 根据国际公约的有关规定，可将毒品分为麻醉药品和精神药品。

02 根据毒品来源和生产方法不同，可分为天然毒品、半合成毒品和合成毒品。天然毒品是指直接从毒品原植物中提取的毒品，如鸦片、大麻等；半合成毒品是指由天然毒品与化学物质反应后合成的一类新毒品，如海洛因等；合成毒品是指完全化学合成的方法所制得的毒品，如冰毒等。

| 03 | 根据毒品对中枢神经系统的作用不同，可分为麻醉剂、抑制剂、兴奋剂、镇静剂、致幻剂等。 |

| 04 | 根据毒品的成瘾性强弱，可分为硬性毒品和软性毒品。硬性毒品指烈性麻醉品，如鸦片、吗啡等；软性毒品指温和麻醉品，如大麻等。 |

| 05 | 从种类更替的年代看，毒品可分为第一代毒品、第二代毒品和第三代毒品。 |

| 第一代毒品 | 即传统（天然）毒品，主要是指鸦片类、大麻类和古柯类毒品。 |

| 第二代毒品 | 即合成毒品，主要是指苯丙胺类、氯胺酮类等毒品。 |

| 第三代毒品 | 即新精神活性物质，又称"策划药"或"实验室毒品"，是指未被国际禁毒公约和国家禁毒法律管制，但存在滥用情况并会对公众健康带来威胁的物质。 |

（三）毒品的危害

毒品是全球性公害，是人类共同的敌人。说起毒品的危害，可以概括为"毁灭自己，祸及家庭，危害社会"十二个字。

1. 毁灭自己

毒品对人体的影响首先是损害人的大脑，影响中枢神经系统的功能；其次是影响心脏功能、血液循环及呼吸系统功能；再次是影响正常的生殖能力，可能致使吸毒者或其配偶生下畸形儿；最后是破坏人的免疫系统，使人的免疫力下降，容易感染各类疾病。吸毒者往往面色蜡黄、身体消瘦、嘴唇焦黑、神色漠然；性格变得孤僻、冷漠；人生观、价值观扭曲，道德沦丧；严重的则丧失劳动能力，以至日渐衰竭而死亡。

吸毒者在毒瘾发作时,轻则头晕、耳鸣,重则呕吐、两便失禁、浑身打颤、四肢痉挛,或撞墙或自伤,甚至自杀。另外,值得警惕的是,一些吸毒者后期往往已不能靠吸食毒品获得满足,转而采用静脉注射的方式摄入毒品,他们共用未经消毒处理的注射器和针头,致使丙型肝炎、艾滋病传播。吸毒者往往在成瘾7年后陆续开始死亡,平均寿命只有40岁。

吸毒的五个过程:民国时期,有人将吸毒的全过程概括为五个字:引、隐、瘾、阴、尹。这几个字是什么意思呢?

引	一般人吸毒,是在别人的引诱之下开始的
隐	刚开始有瘾时,怕人知道,偷偷摸摸吸食
瘾	久吸成瘾,不能自控,偷抢骗赖无所不干
阴	久吸之后,病入膏肓,去阳入阴一命呜呼
尹	就是用一根杠子将尸体抬走,万事皆休了

2. 祸及家庭

吸毒导致大量的家庭悲剧,一旦家庭中出现一个吸毒者,就意味着贫困和矛盾将围绕着这个家庭,最后的结局往往是倾家荡产、妻离子散、家破人亡。

01　吸毒耗费大量钱财

吸毒到了一定程度,必然要靠变卖家中财产换取毒品,以致家徒四壁。一些丧尽天良者甚至卖儿卖女,逼妻卖淫。

02　吸毒会导致家庭破裂

一个人一旦染上毒瘾,就会失去义务或责任观念,做丈夫的不能尽丈夫的职责,做妻子的不能尽妻子的义务,最终必然导致家庭破裂。

03 吸毒危及下一代

怀孕妇女吸毒将严重影响胎儿的正常发育，有的致使新生儿先天畸形或染上毒瘾。吸毒使家庭失去抚养、赡养、教育、经济扶助和繁衍后代等功能。

3. 危害社会

01 毒品问题危及国家政治安全、政权稳定。

02 毒品问题危及国家经济安全，造成经济损失。

03 毒品问题危及社会安全稳定，诱发刑事治安案件。

04 毒品问题危及人民生命健康，致使国民素质下降。

05 毒品问题危及自然资源，破坏生态环境。

06 毒品问题危及劳动力的增长，使生产作业的事故率上升。

07 毒品问题危及社会文化环境，导致不良亚文化流行。

08 毒品问题危及公共卫生安全，导致传染病蔓延。

09 毒品问题危及边疆和谐稳定和国防巩固。

10 毒品问题危及民族发展繁荣，导致民生凋敝。

（四）警示教育

【案例三】陈某贩卖毒品案——利用微信在酒吧等处多次出售新型毒品

1. 基本案情

被告人陈某，男，汉族，1999年6月1日出生，无业。

2018年3月至6月，被告人陈某通过微信联系等方式，在江苏省苏州市姑苏区酒吧、酒店等处向吕某、宋某、张某出售毒品氟硝西泮片剂(俗称"蓝精灵")24次，共计104粒，违法所得4110元。陈某归案后，其亲属帮助退缴全部违法所得。

陈某贩卖毒品案——利用微信在酒吧等处多次出售新型毒品。

2. 裁判结果

法院认为，被告人陈某非法贩卖国家规定管制的能够使人形成瘾癖的精神药品氟硝西泮，其行为已构成贩卖毒品罪。陈某多次在酒吧等地向他人贩卖毒品，情节严重，应依法惩处。鉴于陈某归案后如实供述犯罪事实，认罪认罚，且其亲属代为退缴全部违法所得，可从轻处罚。据此，依法对被告人陈某判处有期徒刑三年，并处罚金人民币五千元。

3. 典型意义

氟硝西泮：国家列管的精神药品，俗称"蓝精灵"，与酒精作用后危害更大。

近年来，"蓝精灵"在酒吧等娱乐场所较为流行，青少年群体是其侵害的主要目标。本案就是一起利用微信在酒吧等地多次出售氟硝西泮的典型案例。被告人陈某明知吕某等人购买氟硝西泮片剂是提供给酒吧客人饮酒时使用，仍多次贩卖，情节严重。人民法院根据陈某犯罪的事实、性质、情节和对社会的危害程度，依法对其进行了惩处。

五、教育贴士

预防毒品侵袭的八个办法

对青少年而言，拒绝毒品、预防吸毒最重要的是要在平时的学习和生活中养成良好的行为习惯，拒绝不良嗜好，培养坚强的意志品质，增强抵制毒品侵袭的能力。

1. 慎重交友

中国有句古话，"近朱者赤，近墨者黑"。一些青少年在交友中良莠不分，在所谓的讲"哥们""姐们"义气、虚荣心的驱使和同伴的影响下，很容易沾染毒品。一些毒贩为了拉人"下水"，千方百计和你交朋友，想尽一切办法来引诱你吸毒。所以同学们要慎交朋友，遵循交友原则，交好友、益友，不交损友，千万不要盲目从众。

2. 摒绝不良嗜好

大多数吸毒者是从吸烟、喝酒走向滥用毒品的。这些人为了追求更大的感官刺激，吸毒数量越来越多，频率越来越高，最终染上毒瘾，走上不归路。拒毒的最基本方法就是要自始摒绝不良嗜好。

3. 善用好奇心，不要以身试"毒"

毒品所造成的心理依赖非常可怕，吸毒者在戒毒所强制隔离2年后，生理毒瘾早已戒除，但"心瘾"难除，往往一出戒毒所又情不自禁，千方百计再度觅毒，这是吸毒者反复进出戒毒所的悲惨写照。因此，千万不要出于好奇心，或自认"意志过人""绝对不会上瘾"而以身试毒。

4. 尊重自我，坚决拒毒

毒品所伤害的是自己的健康、生命与尊严。尊重自我是对自己的生命负责，千万不要碍于情面或讲求朋友义气而接受朋友的引诱与怂恿。

5. 寻求正确的情绪纾解方法

人生不如意十之八九，每个人都难免有情绪低落、苦闷沮丧的时候，当然需要寻求疏解、宣泄，但是应该寻求正当，健康的疏解方法，如听音乐、看电影、运动、找朋友倾诉等。如果因一时空虚就靠毒品来疏解，反会沉沦于毒品而不能自拔。

6. 树立正确用药观念

健康的身体、饱满的精神，必须依靠适当的营养、运动与休息。当身体有病痛，必须去正规医院求医问药，不能胡乱吃药，更不能用毒品来提振精神或治疗病痛，那是预支精力、透支生命的愚蠢行为。

7. 远离是非场所

KTV、网吧及地下酒家、舞厅、私人会所等场所，是吸毒者和贩毒者经常出没的地方，贩毒者往往不择手段地在这些场所设下陷阱，引诱或威胁人吸食毒品。

8. 提高警觉性，不随便接受陌生人的饮料、香烟和酒类

毒品不会从天而降，通常都是经由毒贩设陷阱投入。将毒品掺入香烟饮料、酒类，诱使他人吸毒的案例屡见不鲜，所以应该随时提高警惕，在不熟悉的场所中，不要随意接受他人送的饮料或香烟等，以确保自身安全。

六、知识测验

（一）填空题

1. 毒品，指的是鸦片、海洛因、_____、吗啡、_____、可卡因，以及国家规定管制的其他能够使人形成瘾癖的_____和_____。

2. 国际上习惯称"吸毒"为麻醉药品和精神药品的_____，是出于非医疗目的，通过_____、_____、_____或其他方式将毒品摄入人体的行为。

3. 毒品可分为第一代毒品、第二代毒品和第三代毒品。第一代毒品即传统（天然）毒品，主要是指鸦片类、大麻类和古柯类毒品。第二代毒品即_____，主要是指苯丙胺类、氯胺酮类等毒品。第三代毒品即_____，又称"策划药"或"实验室毒品"，是指未被国际禁毒公约和国家禁毒法律管制，但存在滥用情况并会对公众健康带来威胁的物质。

4. 毒品的危害，可以概括为"_____，_____，_____"十二个字。

（二）简答题

青少年应如何有效预防毒品侵袭？

七、拓展阅读

本书立足于学生的实际,贴近社会生活,从对毒品及毒品危害的认识、拒绝毒品的诱惑、了解禁毒的法律知识、培养禁毒意识和社会责任感等方面展开论述。以"禁毒档案"引出话题,共同探讨禁毒话题。书中除了介绍毒品预防知识之外,还特别提倡大学生参与禁毒公益活动的内容,不仅培养大学生的禁毒意识和社会责任感,还要求他们尽己之力投身禁毒公益事业,共筑无毒社会。

第六章

生命安全

第一节　关注消防　预防火灾

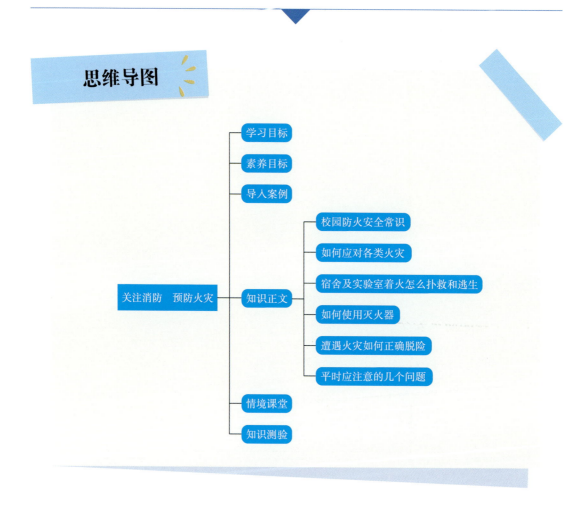

一、学习目标

通过本节课的学习，学生能够了解消防知识，掌握防火救火基本技能，学会火灾初起时的灭火方法。

二、素养目标

使学生认识消防的重要性，具备初级火灾安全意识，预防各类火灾事故的发生。

三、导入案例

四、知识正文

（一）校园防火安全常识

01 自觉遵守校园消防安全管理规定，发现火情、火险、火灾时及时拨打119报警。

02 开展学生文体活动时，不得遮挡消防设施和器材，不设置妨碍消防车通行和火灾扑救的障碍物。

03 禁止携带易燃、易爆等危险品进入学生公寓、教室、图书馆、实验室及人员密集场所。

04 禁止在公共场所和防火重点位置使用明火和吸烟。

05 禁止在校园内燃放烟花爆竹或放飞孔明灯。

06 禁止躺在宿舍床上吸烟和乱扔烟头。

07　禁止在宿舍内使用大功率电器设备（如烧水壶、热得快、电饭煲等），不乱接电源线，外出时要关闭电源开关。

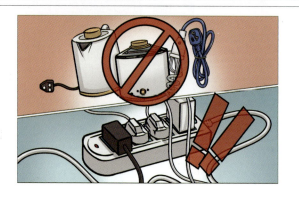

08　积极参加学校定期组织的火灾逃生疏散演练活动。

（二）如何应对各类火灾

1. 柜子、被褥等起火一般用水灭火

柜子、被褥等物品起火一般用水灭火。用身边可盛水的物品，如脸盆等向火焰上泼水，也可把水管接到水龙头上喷水灭火；同时，可把燃烧点附近的可燃物泼湿降温。

2. 电器起火应先切断电源，再用干粉或气体灭火器灭火

电器起火应先切断电源，再用干粉或气体灭火器灭火，严禁直接泼水灭火，以防触电或电器爆炸伤人。

3. 身上起火不要乱跑

身上起火不要乱跑，可就地打滚或用厚重衣物压灭火苗，确保人身安全。

（三）宿舍及实验室着火怎么扑救和逃生

01 火灾刚发生时，应迅速清理起火点附近的可燃物，并迅速利用被褥、水及其他简易灭火器材进行控制和扑救。救火时不要贸然打开门窗，以免空气对流，加速火势蔓延。

02 一般情况下，火势由初起到狂烧只需十几分钟。发生火灾时，一定要快速逃离，不可贪恋财物，不要携带重物，绝不冒险返回火场。有序地迅速疏散，才能最大限度地减少伤亡。

03 在火灾初期，楼道、走廊没有被大火完全封住时，把被子、毛毯或褥子用水淋湿后裹住身体，用湿毛巾捂住口鼻，低身冲出受困区。

04 有浓烟时应注意：一是只能吐口水，不能吞口水；二是头与地面尽量接近，用湿毛巾等捂住口鼻；三是看不清路时摸墙走。

05 室外着火，门已发烫时，千万不要开门，以防大火窜入室内。要用浸湿的被褥、衣物等堵住门窗，并泼水降温。

06 不可乘坐电梯，要向安全出口方向逃生，逃生时应随手关闭身后房门。

07 在无路逃生的情况下，可利用卫生间等暂时避难。避难时要用水喷淋迎火窗，把房间内一切可燃烧物淋湿，以延长获救时间。

（四）如何使用灭火器

1. 消防栓的使用方法

01 打开消防栓箱　　**02** 展开水袋　　**03** 转开止水阀

2. 干粉灭火器的使用方法

01 将安全销拉开　　**02** 将皮管朝向火点

03 用力压下把手，选择接近火点的上风位置将干粉喷射到火焰根部

04 火焰熄灭后以水冷却除烟。注意要将喷口对准火焰根部，直接使燃烧物停止燃烧

3. 泡沫灭火器的使用方法

一只手提灭火器，另一只手托住灭火器的底座边，双手将灭火器完全倒过来，斜置在胸前，使喷嘴里出来的泡沫剂对准火焰根部，逐步往前推进。

4. 二氧化碳灭火器的使用方法

一只手侧提灭火器，另一只手拔去保险销，拧开灭火器的手轮或按下压把，再握住喷灌管或使喷嘴对准火焰根部，逐步往前推进。

（五）遭遇火灾如何正确脱险？

遭遇火灾，应采取正确有效的方法自救逃生，减少人身伤亡损失。

1. 不要惊慌失措

一旦遭遇火灾威胁，千万不要惊慌失措，要冷静地确定自己所处位置，根据周围的烟、火光、温度等分析判断火势，不要盲目采取行动。

2. 应迅速离开火场

身处平房的，如果门的周围火势不大，应迅速离开火场。否则，应另行选择出口脱身（如从窗口跳出），或者采取保护措施（如用水淋湿衣服、用浸湿的棉被包住头部和上身等）后再离开火场。

3. 不要盲目打开门窗或盲目乱跑

身处楼房的，发现火情不要盲目打开门窗，否则有可能引火入室。不要盲目乱跑，更不要跳楼逃生，否则会造成不应出现的伤亡。可以躲到居室里或者阳台上，紧闭门窗，隔断火路，等待救援。有条件的，可以不断向门窗上浇水降温，以延缓火势蔓延。

4. 要尽量缩小下落高度

因火势太猛，必须从楼房内逃生的，可以从二层处跳下，但要选择不坚硬的地面，同时应从楼上先扔下被褥增加地面的缓冲，然后再顺窗滑下，要尽量缩小下落高度，做到双脚先落地。

5. 在有把握的情况下，可以利用工具落地

在有把握的情况下，可以将绳索（也可用床单撕开连接起来）一头系在窗框上，然后顺着绳索滑落到地面。

6. 逃生时尽量采取保护措施

逃生时尽量采取保护措施，如用湿毛巾捂住口鼻、用湿衣物包裹身体。

7. 尽量减少身体烧伤面积

如果身上衣物着火，可以迅速脱掉衣物，或者就地滚动，以身体压灭火焰，还可以跳进附近的水池、小河中，将身上的火熄灭，总之要尽量减少身体烧伤面积，减轻烧伤程度。

8. 预防烟毒，避免有毒有害烟气侵害

火灾发生时，常常会产生对人体有毒害的气体，所以要避免吸入有毒有害烟气。应该尽量选择在上风处停留，并用湿的毛巾或口罩保护口、鼻和眼睛，避免有毒有害烟气侵害。

（六）平时应注意的几个问题

01　自觉爱护校园内的各种消防设施、设备

自觉爱护校园内的各种消防设施、设备，如灭火器、水枪、应急灯、指示标志等。消防设施是扑救火灾的重要工具，必须处于"常备不懈"的状态。一有火灾，马上能够投入使用。因此，平时不要随意玩弄、挪用消防器材。在教学楼、实训楼、宿舍，经常出现有同学随意拔掉消防应急设备插头用于手机充电的现象，这不仅是错误的，而且属于违法行为。《中华人民共和国消防法》第二十八条规定："任何单位、个人不得损坏、挪用或者擅自拆除、停用消防设施、器材。"

02　养成随手关电源的好习惯

上室外课时，同学们有时由于疏忽，忘了随手关掉电源，教室里空荡荡的，而电灯却仍然开着，会产生消防隐患，一些意外事故也有可能会发生，因此同学们须养成随手关电源的好习惯。

03　不准私拉电线，不得擅自使用电器设备

在教室、宿舍里，不准私拉电线，不得擅自使用电器设备。如果发现电线、插座、电器有损坏时，不准私自处置，要立即报告辅导员或教室、宿舍管理员处理。

| 04 | 学习火灾消防知识，学会简单的自护自救 |

比如说，同学们应学习发现火灾怎样报警，发生火灾应怎样逃生等。在消防紧急疏散行动中，同学们一听到学校的广播警报，应立即排队，听从指挥，有序疏散，禁止因好奇而到危险处围观。消防通道要畅通无阻，严禁逗留。疏散时，同学们两人一组牵手，成两列纵队，一人扶着楼梯栏杆，按序下楼，楼梯要留三分之一的空位给救援人员。

五、情境课堂

六、知识测验

（一）选择题

1. 全国消防日是每年的（　　）。
A.1月19日　　　B.11月9日　　　C.11月10日　　　D.10月19日

2. 发生火灾时，电器设备不应该用（　　）灭火。
A.二氧化碳灭火器　　B.水　　C.干粉灭火器

3. 发生燃烧的必要条件是（　　）。
A.可燃物、助燃物　　B.可燃物、着火源　　C.可燃物、助燃物、着火源

4. 安全出口处的疏散门应向（　　）开启。
A.外　　　　B.内　　　　C.左　　　　D.右

5. 消防工作坚持（　　）的原则。
A.预防为主，防消结合　　B.谁主管，谁负责；谁在岗，谁负责
C.专门机构与群众相结合

6. 任何人发现火灾时，都应报警。任何单位、个人应当（　　）为报警提供便利，不得阻拦报警。
A.无偿　　　B.有偿　　　C.自愿　　　D.自觉

7. 火灾报警电话是（　　）。

A.119　　　　B.110　　　　C.114　　　　D.120

8.使用灭火器扑救火灾时要对准火焰（　　）喷射。

A.上部　　　　B.中部　　　　C.根部

（二）判断题

1.电加热设备必须有专人负责使用和监督，离开时要切断电源。（　　）

2.禁止携带易燃易爆危险物品进入公共场所或乘坐交通工具。（　　）

3.电器开关时的打火、过热发红的铁器和电焊产生的火花都不是着火源。（　　）

4.各单位的行政负责人是消防安全工作的第一负责人。（　　）

5.当单位的安全出口上锁、遮挡，或者占用、堆放物品影响疏散通道畅通时，单位应当责令有关人员当场改正并督促落实。（　　）

6.扔掉烟头两小时后再着火就不用负责任。（　　）

7.着火后应自己先扑救，扑不灭时再拨打"119"。（　　）

8.《中华人民共和国消防法》是我国消防工作的最高法律。（　　）

第二节　珍爱生命　谨防溺水

思维导图

珍爱生命　谨防溺水
- 学习目标
- 素养目标
- 导入案例
- 知识正文
  - 如何预防溺水
  - 游泳安全注意事项
  - 不适合游泳锻炼的人群
- 情境课堂
- 知识测验

一、学习目标

通过本节课的学习，学生能够了解基本的防溺水知识，掌握防溺水基本技巧以及溺水后的急救方法。

二、素养目标

培养学生防溺水的安全意识，预防各类溺水事件的发生。

三、导入案例

四、知识正文

（一）如何预防溺水

为有效预防溺水事故，同学们要牢固树立"珍爱生命，安全第一"的意识，在防溺水方面要做到：

01 不要独自一人外出游泳，更不要到不知水情或比较危险且易发生溺水伤亡事故的地方去游泳。

| 02 | 要清楚自己的身体健康状况，平时四肢就容易抽筋者不宜参加游泳或不要到深水区游泳。 |

| 03 | 对自己的水性要有自知之明，下水后不能逞能，不要贸然跳水和潜泳，更不能互相打闹，以免呛水和溺水。 |

| 04 | 在游泳中如果突然觉得身体不舒服，如眩晕、恶心、心慌、气短等，要立即上岸休息或呼救。 |

| 05 | 在游泳中，若小腿或脚部抽筋，千万不要惊慌，可用力蹬腿或做跳跃动作，或用力按摩、拉扯抽筋部位，同时呼叫同伴救助。 |

| 06 | 在游泳中遇到溺水事故时，现场急救刻不容缓，心肺复苏最为重要。 |

（二）游泳安全注意事项

1. 游泳需要经过体格检查

患有心脏病、高血压、肺结核、中耳炎、皮肤病、严重沙眼等以及各种传染病的人不宜游泳。处在月经期的女性也不宜游泳。

2. 要慎重选择游泳场所

到江河湖海去游泳，必须先了解水情，水中有暗流、漩涡、淤泥、乱石以及水草较多的水域不宜作为游泳的场所。受到污染和血吸虫等病流行地区的水域也不宜游泳。

3. 下水前要做准备活动

游泳前可以跑跑步、做做操，活动开身体，还应用少量冷水冲洗一下躯干和四肢，这样可以使身体尽快适应水温，避免出现头晕、心慌、抽筋现象。

4. 剧烈运动和繁重劳动以后不要游泳

身体不适和剧烈运动以后不要游泳。

5. 溺水如何自救和施救

01 溺水后要保持镇定，尽量将头后仰，口向上，口鼻露出水面后进行呼吸和呼救。

02 溺水者不可以把手上举胡乱打水，以免身体下沉。应双手划动，观察施救者扔过来的救生物品，迅速靠上去。

03 当施救者游到自己身边时，应配合施救者，仰卧水面，由施救者将自己拖拽到安全地带。

04 溺水后保存体力、等待救援是最重要的。溺水者应及时脱掉鞋子和扔掉口袋里的重物，但不要脱掉衣服，因为衣服能产生一定的浮力。

05 发现有人溺水，不要贸然下水营救，应大声呼唤其他人前来相助，要马上拿出手机报警拨打120电话，打完电话迅速投入抢救中去，抢救要注意方法。

06 施救者下水后不要从溺水者的正面靠近，应该从后面或侧面包抄施救，以仰泳的方法把溺水者带到安全处。

07 救援时施救者最好将溺水者向上托出水面的同时自己主动下沉，溺水者一旦呼吸到空气就不会拼命抓紧，此时施救者再伺机上岸完成救助。

（三）不适合游泳锻炼的人群

01 患有严重心脏病、高血压和精神失常的人

患有严重心脏病、高血压和精神失常的人，下水容易突然晕倒或失去知觉。

02 患有癫痫病的易抽搐的人

患有癫痫病的易抽搐的人不宜游泳，以防因突然发病而发生危险。

03 患有病毒性肝炎、细菌性痢疾、红眼病、性病、体癣等传染性疾病患者

患有病毒性肝炎、细菌性痢疾、红眼病、性病、体癣等传染性疾病患者，不可参加游泳，以防传染病传播。

04　耳聋者

耳聋者不宜参加游泳，因耳聋者中耳内调节平衡的器官也会受到损伤，从而削弱了身体平衡能力。游泳也可能会使耳聋者慢性化脓性中耳炎急性发作。

05　月经期、人工流产的女性半个月内均不能游泳

五、情境课堂

六、知识测验

选择题

1. 身体不舒服的情况下去游泳，这种情况（　　）。

   A. 很危险不要去　　　B. 没关系可以去　　　C. 注意一下就可以去

2. 参加完强体力劳动或剧烈运动后，（　　）立即跳进水中游泳。

   A. 能　　　　　　　B. 不能　　　　　　　C. 试试看

3. 下水前试试水温，若水太冷，就（　　）游泳。

   A. 可以　　　　　　B. 不可以　　　　　　C. 试试看

4. 如果遇人溺水，应该怎么做？（　　）

   A. 盲目施救

   B. 没有把握不应下水救人，可一边大声呼救一边利用竹竿、树枝、绳索、衣服或漂浮物抢救

   C. 可以不管

5. 在水中呼吸时，什么样的方式不容易呛水？（　　）

   A. 用嘴吸气，用鼻呼气　　　　　B. 用嘴呼气，用鼻吸气

第三节 体育运动安全

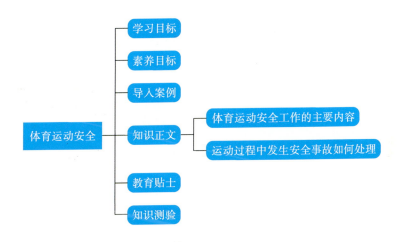

一、学习目标

通过本节课的学习,学生能够了解体育运动安全以及运动损伤的原因,树立运动安全及损伤时自救与互救的意识,懂得一些基本的运动损伤处理和预防损伤的方法,了解损伤出现后如何及时处理和施治。

二、素养目标

增强学生体育锻炼意识,预防各类运动损伤的发生,避免体育运动安全事故的发生。

三、导入案例

四、知识正文

体育运动安全是指在运动过程中确保身体和其他部位不受到伤害和不发生其他意外。因此,体育运动要充分重视安全防范,出现了运动损伤要及时处理,避免二次伤害或事态扩大。

（一）体育运动安全工作的主要内容

1. 运动前的准备

01　检查自己的身体状况

运动安全事故的发生，常与参加比赛者及体育锻炼者对体育运动安全的意义认识不足或麻痹大意有关。参加体育运动，首先要了解自己的身体状况，要学会自我监督，随时注意身体功能状况变化。患有心脏病、高血压等疾病的同学，禁止参加长跑等长时间的激烈的运动项目，在体育教学或相关的体育运动中，务必向老师和组织者汇报自己的身体情况，积极采取各种有效的预防措施。

02　检查场地器材

体育运动多是全身性运动，活动量大，有时可能还会运用很多体育器械，所以为了安全，运动前务必认真检查场地和器材，消除安全隐患。运动时要穿运动服，衣服上不要带金属、玻璃类的东西，其他物品尽量别带；不要穿塑料底的鞋或皮鞋，应当穿球鞋或一般胶底布鞋。患有近视的，如果不戴眼镜可以进行体育运动，就尽量不要戴眼镜。如果必须戴眼镜，做动作时一定要小心谨慎，确保运动安全。

03　做好热身运动

进行体育运动时，看起来好像只有肌肉在活动，其实身体的呼吸、血液循环等器官都在参加活动，并且都要由大脑皮层来指挥协调，因此要做好热身运动。做热身运动正是为了提高大脑皮层神经细胞的兴奋度，还能使体温略微升高，使肌肉、肌腱都处于良好的状态，弹性、伸展性都较好，不至于因为突然收缩而拉伤或撕裂。

2. 运动中的注意事项

01　控制运动负荷

参加体育运动要根据身体素质条件，选择最有利于增强体质的运动负荷。不要一味地加大运动负荷，不要违背循序渐进的规律，要结合自身情况，量力而行，感觉体力不支时应立即休息。睡眠不足、疲劳、不良情绪都会造成肌体的不良反应，导致受伤。

02　注重运动间歇

正常人的心率是60—100次/分，在运动过后会增加，但也不是无限增加的，此时就需注意极限心率。极限心率的公式是220次/分减去自己的年龄。在一般的运动中，如果不是专业的运动员，一般不建议达到最大心率。剧烈地进行有氧运动虽然会使脂肪的消耗增加，但同时会损伤心肌细胞。因此，建议有氧运动时最大心率保持在极限心率的60%—80%即可，同时运动需要循序渐进，不可一蹴而就，避免造成意外。

03 合理补充水分

在高强度活动期间，体内水分减少会增加中暑痉挛、中暑衰竭的可能性。锻炼之前、期间及之后要补充水分，并把这作为锻炼计划的一部分。

3. 运动后的行为调节

01 认真做恢复整理活动

做恢复整理活动的目的就是使人体更好地从紧张运动状态过渡到安静状态，使心脏逐渐恢复平静，放松身心。如果突然停止运动，就会造成暂时性的贫血，产生心慌、晕倒等一系列不良现象，对身心健康造成损害。

02 自我检查运动反应

如果感到十分疲劳，四肢酸沉，出现心慌、头晕，说明运动负荷过大，需要好好调整与休息。运动并经过合理的休息后，如果感到全身舒服、精神愉快、体力充沛、食欲增加、睡眠良好，说明运动负荷安排比较合理。

（二）运动过程中发生安全事故如何处理

1. 闭合性软组织损伤（扭伤、拉伤）

（1）症状。

通常在外力作用下，使肌肉过度主动收缩或被动拉长会引起肌肉拉伤，特别是由于准备活动不充分，动作不协调以及肌肉弹性、伸展性、肌力差者更易拉伤，损伤后伤处肿胀有压痛并肌肉痉挛，触诊时可摸到硬块，严重的肌肉拉伤是肌肉撕裂。

（2）处理方法。

轻者可即刻冷敷，局部加压包扎，抬高患肢。24小时后可施行按摩或理疗。如果肌肉已大部分或完全断裂，在加压包扎急救后，固定患肢，立即送医院手术缝合。

2. 关节、韧带扭伤的处理

（1）症状。

受外力的触击或撞击，运动时身体落地重心不稳向一侧倾斜或踩在他人脚上或高低不平的地面上而致伤，伤后局部能力立即丧失，有明显肿胀及疼痛等。

（2）处理方法。

伤后立即抬高患肢，冷敷，加压包扎并固定休息，使毛细血管收缩，防止肿胀。24小时后即可拆除包扎，可采用热敷、理疗，使毛细血管扩张，促进血液循环。严重扭伤的如韧带断裂、关节脱位，应尽快到医院缝合或做固定处理。

3. 关节脱位的处理

（1）症状。

关节脱位后，常出现畸形，与健肢不对称，因软组织损伤而出现炎症反应，局部疼痛及压痛，关节肿胀，并失去正常活动功能，甚至发生肌肉痉挛等现象。

（2）处理方法。

用长度和宽度相称的夹板固定伤肢。如果没有夹板，可将伤肢固定在自己的躯干或健肢上，防止震动，随后及时送医院治疗。

（3）注意。

如果没有把握做整复处置时，切不可随意做整复手术，以免再度增加伤害。

4. 骨折的处理

（1）症状。

运动中，身体某部位受到直接或间接暴力，或者肌肉强烈收缩时，使骨的完整性遭到破坏的损伤，叫作骨折。骨折后，受伤肢体剧烈疼痛，骨折处有明显压痛、肿胀及皮下淤血，受伤躯体功能丧失，关节正常位置改变，出现畸形。完全骨折时，局部可出现类似关节的活动，移动时可产生骨摩擦声。

（2）处理方法。

骨折属严重的运动损伤，有时会引起休克。因此，一旦发生骨折，首先要注意预防休克，发现休克要及时处理。对有伤口或开放性骨折的出血伤员，首先应采取适当的方法止血，然后包扎伤口，再固定骨折处。

临时固定　骨折时，用夹板、绷带把折断的部位固定、包扎起来，使伤部不再活动，称为临时固定。这是骨折的急救方法，其目的是减轻疼痛，避免加重损伤，且便于伤员的转送。

（3）临时固定的注意事项。

固定前不要无故移动伤肢；固定时不要试图修复。如果畸形很严重，可顺伤肢长轴方向稍加牵引；夹板的长度和宽度要与骨折的肢体相称，其长度必须超过骨折部的上下两个关节。固定的松紧要合适且牢靠，不同的部位应采用不同的包扎固定方法。临时固定后要将患者及时送往医院，防止出现二次损伤。

5. 出血的处理

（1）症状。

血液从损伤的部位流出，称为出血。按出血的部位不同，分为外出血和内出血两种。外出血是指血液从皮肤创口向体外流出，是运动损伤中较为常见的一种。内出血是指血液从损伤的血管内流出后，向皮下组织、肌肉、体腔（包括颅腔、胸腔、腹腔和关节腔）及胃肠和呼吸器官内注入。内出血较外出血性质严重，因其初期不易被察觉，容易发展成为大出血，故危险性很大。

（2）处理方法。

01 原则
①判断出血部位；②判断出血的程度；③提出暂时止血的方法；④送伤员到诊所（医院）。

02 止血的方法
①冷敷；②抬高伤肢；③加压包扎；④加垫屈肢止血；⑤手指直接指压；⑥间接指压。

（3）注意。

①止血要及时；②止血用具要清洁、干净；③止血时要患者冷静、镇定；④止血后用正确的方法将患者送往诊所（医院）。

（4）（外）出血的处理。

（外）出血常用加压包扎法、指压法止血法、止血带止血法三种方法止血。如动脉出血压在出血口的上端，静脉出血压在下端，毛细血管直接压在伤口上。但由于手指直接触及伤口，易引起感染，故最好敷上消毒纱布后进行指压。

6. 休克的处理

（1）症状。

> 休克是由于各种原因引起的急性血循环功能不全。其发病原理是有效血液循环量不足，引起全身组织和脏器的血流灌注不良，导致组织缺血、缺氧和脏器功能障碍。凡能引起有效循环血量不足或排量减少的各种因素，都能引起休克。休克发生时，人在短时间内会出现意识模糊、全身软弱无力、面色苍白、出冷汗、反应迟钝、心率增快、血压降低、呼吸缓慢等症状，进而昏迷，甚至死亡。

（2）处理方法。

> 迅速将患者平卧，使之安静休息。要保持患者体温，在天气寒冷时更要注意，但也不能过热。有时可给姜糖水、热茶等饮料。针刺或掐点内关、足三里、合谷、人中等穴位，对休克有一定的疗效。

应针对病因进行处理，如外出血引起的休克，应立即进行止血；外伤剧烈疼痛引起的休克，要用镇痛剂止痛；出现骨折要使伤肢抬高，并用夹板固定。

7. 心搏骤停的处理

（1）症状。

神志、呼吸、心跳是三个主要的生命活动。判断心搏骤停需要先判断神志和呼吸，判断神志要大声呼唤且用手拍打患者，观察其是否有反应，同时可以用眼睛观察患者胸廓、胸脯是否出现起伏，判断患者的呼吸情况。若患者胸脯没有起伏且没有反应，意味已经丧失神志和呼吸，即可判断为心搏骤停。

心搏骤停　就是心脏射血功能的突然终止，大动脉搏动与心音消失，重要器官（如脑）严重缺血、缺氧，导致生命终止。

（2）处理方法。

如果发现有人出现心脏骤停，应做以下几件事。

01　意识的判断：用双手轻拍病人双肩，并大声呼唤，告知无反应。

02　检查呼吸：观察病人胸部起伏 5—10 秒（数 1001、1002、1003……）。

03　呼叫：拨打 120 急救电电话或呼叫专业人士急救。

04　判断颈动脉是否有搏动：用右手的中指和食指从气管正中环状软骨划向近侧颈动脉搏动处，告知无搏动（数 1001、1002、1003……判断 5 秒以上 10 秒以下）。

05　松解衣领及裤带。

06　胸外心脏按压：在两乳头连线中点（胸骨中下 1/3 处），用左手掌跟紧贴病人的胸部，两手重叠，左手五指翘起，双臂伸直，用上身力量用力按压 30 次（按压频率至少为 100 次/分，按压深度至少为 5 厘米）。

07　打开气道：使病人仰头抬颌，确认其口腔无分泌物、无假牙。

08 人工呼吸：应用简易呼吸器，一手以"EC"手法固定，另一手挤压简易呼吸器，每次送气400—600毫升，频率为10—12次/分。

09 持续2分钟的高效率的CPR：以"心脏按压：人工呼吸=30：2"的比例进行，操作5个周期。

10 判断复苏是否有效：听是否有呼吸音，同时触摸是否有颈动脉搏动。

11 整理病人，进一步生命支持：最好的方法就是使用除颤仪，要熟知学校除颤仪的存放地点。

五、教育贴士

体育锻炼的好处

（一）体育锻炼对运动系统的影响

（1）经常进行体育锻炼，人体新陈代谢旺盛，肌肉中的毛细血管开放数量增多，血流量增大，使肌体内血液供应良好，蛋白质等营养物质的吸收与贮存能力增强，肌纤维增粗，肌肉体积增大。肌肉结构的变化、酶的活性增强，以及神经调节的改进，会导致肌肉机能的提高，表现为肌肉收缩力量大、速度快、弹性好、耐力强。

（2）体育锻炼可促进骨质增强，提高骨的性能。经常进行体育锻炼，可使新陈代谢得到改善，骨的结构和性能发生变化，可增强关节周围的肌肉和韧带的力量和柔韧性，从而加固关节。提高了关节的柔韧性，就能减少各种外伤和关节方面的损伤。

（二）体育锻炼对血液循环系统的影响

血液循环系统是人体非常重要的组织机构，它是由心脏和血管组成的。它的作用是使血液把氧气和营养物质运送给各组织、细胞，同时把组织、细胞在新陈代谢中产生的二氧化碳和废物运送到肺、肾等处排出体外。体育锻炼对血液循环系统发展的影响是非常显著的，它对增强心血管的机能、提高血液循环质量起着积极作用。

（三）体育锻炼对呼吸系统的影响

经常锻炼会促进呼吸器官机能增强，使呼吸肌得到锻炼。呼吸肌的力量增强，胸廓运动的幅度也随之增大，表现在胸围和呼吸差的增大，胸围和呼吸差能反映胸廓发育的状况和呼吸器官的机能。呼吸器官机能的变化，表现在肺活量的增大和呼吸深度的增加，肺活量的大小代表着呼吸器官的工作能力。

（四）体育锻炼对神经系统的影响

经常进行体育锻炼的人，大脑皮质神经细胞的兴奋性、灵活性和耐久力都会得到提高，灵活性提高了，反应也就更快了。从人体活动上看，表现出机灵、敏捷，学习和工作都处于最佳状态，并能坚持较长时间。经常进行体育锻炼的人，在自然环境中接受寒冷和炎热的刺激，从而提高了其对环境变化的适应能力和对疾病的抵抗能力。

六、知识测验

（一）选择题

1. 体育运动安全工作的主要内容有（　　）。
A. 运动前的准备　B. 运动中的注意事项　C. 运动后的行为调节　D. 以上都需要
2. 在运动过程中扭到了脚，应该如何处理（　　）。
A. 立即停止运动，冰敷，减少毛细血管扩张
B. 立即停止运动，涂擦活络油、药酒
C. 继续运动，结束后再冰敷
D. 继续运动，结束后再涂擦活络油、药酒
3. 运动中应注意的安全事项有（　　）。
A. 控制运动负荷　B. 注重运动间歇　C. 合理补充水分　D. 以上都是

（二）判断题

1. 体育教学或相关的体育活动中，患有心脏病、高血压等疾病的同学需要向老师报告，说明情况，积极采取各种有效的预防措施。（　　）
2. 睡眠不足、疲劳、不良情绪都会造成肌体的不良反应，造成伤害。（　　）
3. 神志、呼吸、心跳是三个主要的生命活动。（　　）

（三）多选题

1. 以下哪些表明运动量是适宜的？（　　）
A. 锻炼后有微汗水
B. 第二天体力充沛，渴望锻炼
C. 睡眠食欲好
D. 稍感疲惫、肌肉酸痛、休息后会很快消失
2. 休克的处理方法为（　　）。
A. 将伤员平卧，安静休息
B. 保持病人体温
C. 根据实际情况给点水
D. 针刺或按压内关、足三里、合谷、人中等穴位
3. 软组织闭合性损伤（扭伤、拉伤）的处理方式是什么？（　　）
A. 轻者可即刻冷敷
B. 局部加压包扎
C. 抬高患肢，24小时后可施行按摩或理疗
D. 重者可加压包扎，固定患肢，立即送医院治疗

第四节 校内活动安全

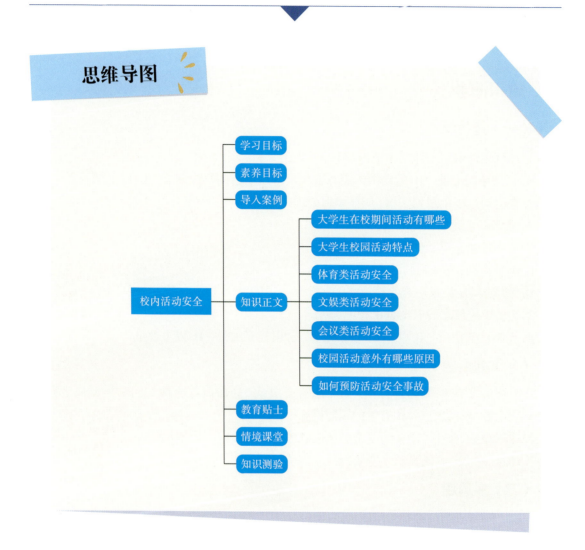

一、学习目标

通过本节课的学习,学生能够更好地预防和应对高校活动安全事故,了解校内活动有哪些,并针对校内常见活动进行分析,了解如何预防校内活动意外。

二、素养目标

培养学生对体育类、文娱类及会议类校内活动意外事故的预防能力。

三、导入案例

四、知识正文

（一）大学生在校期间活动有哪些

按照其内容可分为三类：

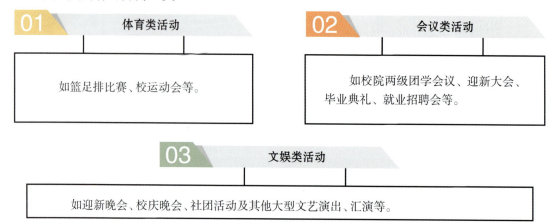

（二）大学生校园活动特点

1. 活动地点固定，范围局限

通常，大学生校园活动的地点固定在教室、报告厅、大礼堂等场所，这些场所的局限性使得一旦发生安全事故，人员疏散和逃生相对困难。因此，活动策划者和组织者需要提前进行安全风险评估，并制定相应的应急预案，以确保在发生事故时能够迅速、有效地进行处置。

2. 活动参与人数众多，安全隐患大

大学生校园活动的参与人数往往较多，少则几十人，多则可达上千人。如此众多的人集中在有限的范围内，一旦发生安全事故，人身损害和财产损失往往难以控制。因此，在策划和组织活动时，需要充分考虑参与人数的规模，制定科学合理的安全预案，并提前进行演练，以最大限度地降低安全风险。

3. 人员组成复杂，安全风险增加

大学生校园活动的参与者往往来自不同学院、不同年级，相互之间并不熟悉，容易产生矛盾。矛盾激化后可能引发寻衅滋事、斗殴、骚乱等治安事件，进而增加安全风险。因此，活动策划者和组织者需要在活动前进行充分的沟通和协调，制定相应的管理措施和预案，以保障活动的顺利进行和参与者的安全。

（三）体育类活动安全

在参与体育类活动时，确保安全是需要首要考虑的因素。体育类活动的主要目的是锻炼意志、提高体能以及促进健康。运动过程中的伤害事故可能导致疼痛、身体功能障碍，甚至可能需要长时间的恢复或治疗。因此，确保安全是每位参与者在参与体育类活动时必须牢记的原则。

1. 在开始运动之前，以下几点准备工作是必不可少的

01 具备充分的安全意识，并在运动过程中始终保持清醒的头脑。

02 穿着适宜的服装，并确保运动场地和器材的安全性。

03 在开始运动前，进行充分的准备活动，确保身体已经做好运动的准备。

2. 在运动过程中，以下几点需要注意

01 控制适当的运动负荷，以避免因过度疲劳而引发的伤害风险。

02 掌握正确的倒地姿势，防止因跌倒而造成的受伤。

03 加强对他人的保护和帮助，以确保在出现危险情况时能够及时提供援助。

04 合理补充营养物质，以维持身体的正常运转和避免因缺乏营养而引发的健康问题。

总之,确保运动的安全性是每位参与者不可忽视的责任。做好充分的准备工作和严格遵守运动中的注意事项,可以最大限度地降低运动伤害的风险,并让运动成为一种健康、有益的生活方式。

(四)文娱类活动安全

1. 大学生文娱活动的特点

校园文娱活动是大学文化氛围的重要表现,这些活动不仅具有高度的文化品位,同时也增加了校园文化的积淀。因此,频繁开展有文化品位的文娱活动对提高大学生的文化素养和营造独特的大学文化氛围起着至关重要的作用。这些活动具有广泛性、频繁性和多样性的特点,包括科技文化艺术节、职业技能大赛、文艺汇演、歌咏比赛、舞蹈大赛等。

2. 文娱活动安全事故的主要表现形式

01 火灾

文娱活动中大量使用照明灯,如果照明灯与幕布离得太近,就很容易引燃幕布。此外,由于用电量大,电线容易发热引起短路或接触不良,产生火花而引燃其他易燃物。另外,观众乱扔烟头等火种也可能引起火灾。

02 秩序混乱引发的意外事故

大学生文娱活动参加人数众多,情感投入,若对现场气氛引导不力,很容易发生秩序混乱、拥挤等情况而引发意外事故。

3. 文娱活动安全事故的预防

01 提高安全意识

参与者应树立"安全第一"的观念,克服麻痹、侥幸的思想,避免小问题酿成大事故。

02　遵守规定

若在室内参与活动，应按组织者规定的路线进场、退场，在指定的地方就座，并对会场的安全出口、疏散通道做到心中有数，一旦发生事故可以迅速逃生；若在室外参与活动，应在划定区域活动，不要随意进入禁止活动的区域，以免发生意外。

03　文明观看

观看文艺表演时要做文明观众，不能做起哄、怪叫等有意破坏活动秩序的事；也不要与其他同学发生无谓的争执，要克制、礼让，有问题要通过正当途径解决。

4. 文娱活动中发生安全事故的处理办法

01　保持冷静

一旦发生事故不要惊慌失措，要听从现场指挥人员的指挥，迅速有效地疏散，避免"一窝蜂"似的拥挤。

02　协助处理

如果在文娱活动中发生群体性起哄、斗殴，要协助老师平息事端，不得火上浇油、推波助澜、激化矛盾。

03　及时救援

若有人员受伤，要发扬团结友爱的精神，立即把伤者送往医院救治；若发生火灾，先尽快疏散，再拨打"119"火警电话，在可能的情况下要参与火灾的扑救工作。

（五）会议类活动安全

大学生会议类活动的安全是指要确保会议过程中与会者的人身安全、财产安全，以及会议资料、设备和设施的安全无虞。为了实现这一目标，我们需要在会议开始前精心策划，并在会议过程中严格执行以下措施。

01　制订一份详尽的安全计划。该计划应涵盖安全检查、安全保卫以及应急处理等方方面面，为会议安全提供全方位的保障。

02　务必对会议场所、设备、设施进行严格的安全检查。这包括但不限于检查火灾隐患、电气安全以及危险品管理等。通过细致入微的检查，我们可以将安全隐患消灭在萌芽状态。

03 与会者的安全教育也是必不可少的。我们应该确保每一位与会者都经过了安全教育，这样可以提高他们的安全意识，降低意外事件的发生概率。

04 在会议过程中，我们需要保持良好的秩序。这需要所有与会者共同遵守会议纪律，避免出现混乱或意外情况。

（六）校园活动意外有哪些原因

1. 在活动的组织过程中存在明显的疏漏

例如，对于大型活动的安全保卫预案，未能进行周密的策划和准备，活动前的消防安全检查未能严格进行，疏散通道以及通道口存在淤塞或者未能开启的情况。在活动期间，场内外、疏散通道以及通道口缺乏专人负责，也容易发生混乱。

2. 活动场地和相关设施设备常常出现故障或损坏

例如，音响、灯光等大功率电器设备可能会引发火灾，舞台看台或者横幅幕布也可能会突然塌落或燃烧。

3. 活动参与者往往不能严格遵守活动纪律

部分大学生在活动中不服从工作人员的管理和安排，甚至出现冲突和拥挤的情况，这严重扰乱了活动的秩序。

4. 恐怖分子可能会蓄意破坏活动

恐怖分子可能会混入活动现场，实施爆炸等恐怖行为；不法分子也可能故意混入活动现场，挑起事端，引发冲突和恐慌，进而导致踩踏等事故的发生。

5. 在活动的过程中参与者可能会发生人身伤害事故

在参加活动的过程中，参与者可能会因为遇到意外情况或者受到自然因素的影响而遭遇事故。比如在大型活动的签到或合影环节中，由于人群的涌动和混乱，也可能会引发踩踏等事故。

（七）如何预防活动安全事故

大学生群体性活动中的任何人身伤害事故都不能视为小事，因为其后果往往对校园的安全、稳定，甚至社会的安定与和谐产生严重影响。因此，必须采取切实有效的防范措施。

01 对于校内大型学生群体活动的组织，必须按规定向学校学生工作处进行报批备案，并制定完善的工作预案；配备足够的工作人员，明确各自的责任分工，维护现场秩序，做好应急处置。同时，根据举办的场地等条件，活动组织者必须控制参与人数。

02 活动组织者要在活动进行前联系学校相关职能部门对活动场地和设施设备进行全面的安全检查，排查并整改存在的安全隐患，确保活动能够安全进行。

03 活动组织者要对工作人员和参加活动的学生进行安全教育，明确应急预案的相关措施和纪律等相关要求。这包括熟悉场馆内的各条安全通道的位置，准确判断、辨清方向；参加大型活动时，注意观察场地、设施设备的安全性；要穿轻便衣服，最好穿平底鞋，系好鞋带，防止发生事件时被绊倒。

04 参加群体活动的人员必须遵守纪律，服从管理。在活动现场不拥挤，不起哄，不制造紧张或恐慌气氛，发现不文明的行为要加以劝阻和制止。群体活动发生某些摩擦在所难免，要保持平和心态，相互尊重，容忍他人的过错，以理服人，处理好相互之间的矛盾；不能强词夺理，更不能恶语相向、拳脚相加。

五、教育贴士

一、常见体育运动损伤症状与处理方式

（一）肌肉拉伤

肌肉拉伤是指由于肌肉的猛烈收缩或被动牵伸超过了肌肉本身所能承担的限度，而引起的肌肉组织损伤。症状与体征如下。

有明显的受伤史；疼痛、肿胀（严重者皮下淤血）、压痛、肌肉收缩试验阳性（严重者肌肉收缩畸形，如部分断裂伤处凹陷；腹肌完全断裂则出现"双驼峰"畸形；腹肌一端断裂则出现"球状"畸形）；出现功能障碍。

（二）关节韧带拉伤

关节韧带拉伤是指在间接外力作用下，使关节发生超范围的活动而引起的关节韧带损伤。症状与体征如下。

（1）膝内侧疼痛（局部压痛明显）。

（2）膝内侧红肿、（2—3 天后）淤血。

（3）屈伸活动受限（半腱肌、半膜肌保护性痉挛）。

（4）若内侧韧带完全断裂，则关节间隙增宽和小腿异常外展。

（三）胫腓骨疲劳性骨膜炎

胫腓骨疲劳性骨膜炎是初参加运动训练的人，尤其是青少年较常见的运动损伤，有典型的运动史、发病史和反复疼痛史。症状与体征如下。

（1）疼痛：疼痛多隐痛或牵扯痛，严重者出现刺痛或烧灼感，个别有夜间痛。疼痛部位为胫骨内侧中下段及腓骨外侧缘下段。

（2）肿胀：急性期出现凹陷水肿。

（3）压痛：局部骨面上有压痛，并可触摸到硬块，压之锐痛（晚期）。

（四）膝关节半月板损伤

症状与体征如下。

（1）有明显的受伤史。

（2）疼痛：由于滑膜受牵扯而疼痛，若半月板损伤没有牵扯滑膜则疼痛不明显。

（3）压痛：关节间隙内侧或外侧疼痛。

（4）肿胀：早期有积血和积液，慢性期则常有少量积液。

（5）响声。

（6）绞锁。

（7）严重者骨四头肌萎缩。

（五）脑震荡

症状与体征如下。

（1）精神恍惚或意识丧失（时间：数秒或 30 分钟不等）。

（2）呼吸表浅，脉率缓慢，肌肉松弛，瞳孔扩大但左右对称，神经反射减弱。

（3）清醒后，短时间内反应迟钝，出现"逆行性健忘"。此外伴有头痛、头晕、恶心或呕吐等症状。

（六）骨折

症状与体征如下。

（1）患处会形成血肿，同时附近软组织因受到损伤也出现水肿。

（2）患处出现青色或紫色的淤斑，触之疼痛感强烈，若是要移动伤处则疼痛更甚。

（3）患处功能受到了很大限制。

（4）骨骼的中段出现异常的活动骨擦感或者是发出骨擦音。

（七）肌肉痉挛

肌肉痉挛是指肌肉剧烈而突然发生的痉挛性或紧张性疼痛，肌肉坚硬、疼痛难耐，往往无法立刻缓解，处理不当时会造成肌肉的损伤。

（八）运动中腹痛

二、心肺复苏（CPR）的步骤

（1）先评估现场环境安全，然后判断意识、进行呼救。

（2）判断是否有颈动脉搏动。

（3）摆放体位。

（4）胸外按压。

（5）开放气道。

（6）口对口人工呼吸。

（7）完成五个循环。

（8）再次对患者进行评估。

（9）注意事项：若出现以下情况，可停止CPR：

①伤病员面色、口唇由苍白青紫变红润；

②恢复自主呼吸及脉搏跳动；

③手足抽动，眼球活动，发出呻吟声。

CPR无效：持续超过30分钟的CPR后，患者呼吸与脉搏没有恢复正常，患者瞳孔散大固定，应使用自动体外除颤器或者由专业的医护人员进行救治。

六、情境课堂

【案例一】

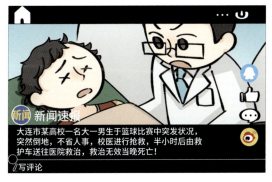

【案例二】

七、知识测验

1. 参加学校内部活动前,你如何正确评估自己的身体状况?
2. 当你在个人或班集体活动中遇到安全隐患时,你的处置方法是什么?
3. 心肺复苏的流程分为哪几步?
4. 常见的运动损伤有哪些?

第五节　校外活动安全

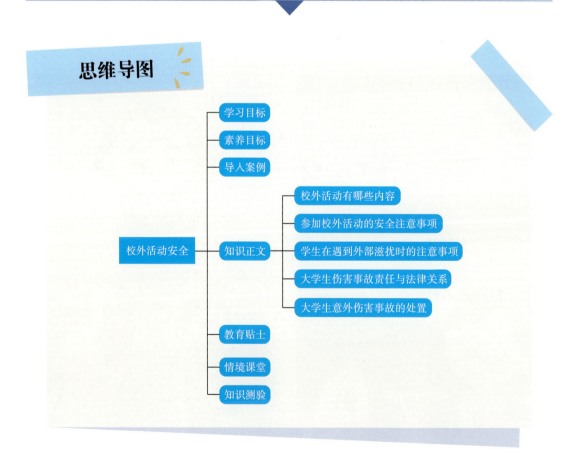

一、学习目标

通过本节课的学习,学生能够了解并预防校外活动(含社会实践活动)遇到的多原因安全事故,提高对意外事件的应变处理能力。

二、素养目标

培养学生遇到校外活动安全事故的应变能力,增强学生对相关法律知识的了解。

三、导入案例

四、知识正文

(一)校外活动有哪些内容

校外活动　　学生参与的校外活动,包括开展社会调查、志愿服务、公益活动、生产劳动等。这些活动分为两种形式:一种是由学校二级部门(学院)等负责组织,并具有计划性、安排性、部署性和专人负责的活动。例如,体育比赛、文艺演出、学科竞赛、生产实习、参观学习、社会实践、集会等活动。另一种是由学生利用课余时间和假期自行开展的活动。

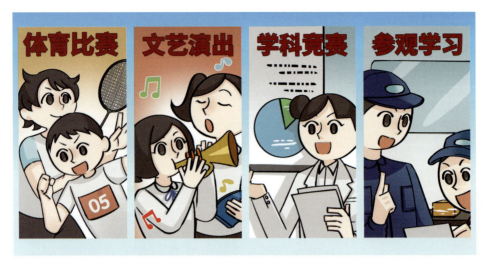

（二）参加校外活动的安全注意事项

1. 接受相应的安全教育

参与社会实践活动时，应接受相应的安全教育，并在活动过程中严格遵守指导教师和实践领队的指挥。团队成员须与队员、家人、同学保持电话联系，及时告知近况和行踪。领队应密切关注每名队员的活动情况，必要时购买保险。团队成员间应相互关心和帮助。在活动前，应明确集合的地点和时间，确保每名队员安全返回。

2. 遵守城市交通规则

重视交通安全，遵守城市交通规则，避免乘坐无证、无营运资格的客运车辆。坚持就近原则，原则上当天返程，不允许在外过夜。同时，做好防盗、防骗、防火灾等安全措施，保护人身财产安全。尽量不去卫生条件差的饭店或小摊就餐，不购买过期食品或"三无"食品，讲究个人卫生，保持公共环境卫生。

3. 穿着得体

大学生应注意穿着得体，尽量避免让陌生人带路，夜间外出应结伴而行，睡觉时应关好门窗。不提倡个人尤其是女生单独外出开展社会实践，如确需进行，应通过一定途径联系当地有关组织协助。

4. 选择安全可靠的旅馆住宿

选择安全可靠的旅馆住宿，避免露天住宿。注意住宿用火和用电安全，不使用违规电器，以免引起火灾。

5. 切勿到危险地区逗留或游泳

切勿到危险地区逗留或游泳,如因实践活动需要接近危险地段,须有专业人士陪同并采取保护措施。

6. 外出时备好晕车药、止痛药等药品

外出时备好晕车药、止痛药、止泻药,炎热时备好防蚊虫叮咬的药水。野外实践时防止意外事故发生。

7. 自觉学习与遵守相关法律、法规

参加勤工俭学活动的学生,应自觉学习与遵守相关法律、法规,如《中华人民共和国劳动法》《中华人民共和国民法典》等。签订工作协议时,应仔细阅读对方提出的要求和协议中的条款,不要匆忙允诺或签字,防止上当受骗。

8. 识别虚假广告以防上当受骗

识别虚假广告的真面目，以防上当受骗。如遇到"高薪诚聘"的招聘广告，要提高警惕，以免上当受骗。

9. 签订房屋租赁书或协议书确保条款详细

在校外租房的同学，要签订房屋租赁合同，并确保条款详细、明确。

10. 从事体力劳动要注意人身安全

从事以体力劳动为主的勤工助学工作，如建筑工地小工等重体力劳动，要注意人身安全，千万不能疏忽大意。

11. 遇到突发事件及时向学校、公安机关报告并寻求帮助

遇到突发事件时，应保持沉着冷静，及时向学校、公安机关报告并寻求帮助。

（三）学生在遇到外部滋扰时的注意事项

01 应保持高度警觉，准确评估形势，并做出恰当的处理。在面对违法人员的干扰时，首先应分辨是非，既不能畏缩避让，也不能轻举妄动，而应采取合理的方式进行处理。

02 充分依靠组织和集体的力量，积极干预并阻止违法犯罪行为。例如，若发现恶性滋扰事件，如有人公然侮辱或殴打其他同学时，应团结并动员周围群众和学生积极揭露并制止该行为。同时，应及时向老师或学校相关部门报告，并在必要时报警求助。

03 注意策略和技巧，尽量避免纠缠不清的局面，防止事态进一步扩大。在许多情况下，滋事者可能表现出固执和无赖的特点。有时，他们仅用挑逗性的语言和动作来激化矛盾，在事后归责时会缺乏实质性的证据。因此，我们应避免主动激化矛盾，并尽量不与其发生冲突。

04 在处理案件时，应注意收集和保存证据，并保护现场不受破坏。这包括记住动手先后顺序、涉案人员以及凶器等信息。这些信息对于案件的顺利侦破有很大帮助。

05 除了积极防范和制止校内滋扰事件的发生，学生更应注重自身素质的提高，强化自我约束，自觉遵守法律法规，避免成为滋扰他人的源头。

（四）大学生伤害事故责任与法律关系

在确定大学生伤害事故的责任时，必须首先明确高校与大学生之间的法律关系。《学生伤害事故处理办法》明确规定学校负有教育、管理、保护学生的义务和责任。此外，《中华人民共和国教育法》和《中华人民共和国高等教育法》等法律规定，高校具有组织实施教育教学活动等办学自主权、颁发学位学历证书以及对受教育者实施奖励和处分等管理权利。同时，《中华人民共和国教育法》也明确规定，学校负有保护学生合法权利不受侵犯的义务，因此高校应对大学生起到教育、管理及保护作用。

（五）大学生意外伤害事故的处置

1. 在事故发生前，高校应通过以下措施来确保学生的安全

01 预防教育

高校应通过思想教育、法制教育、安全教育和心理疏导等方式，增强学生的安全意识观和树立其正确的生命价值观，并密切关注学生的心理状况。

02 应急预案

高校应制定完整的应急预案，包括响应、现场处理和善后处理等环节，明确工作机制、职责分工和工作程序，并定期进行演练，避免学生意外伤害事件发生时手忙脚乱。

2. 在事故发生后，高校应采取以下措施来处理学生意外伤害事件

01 应急响应

一旦发生学生意外伤害事件，保卫部门应第一时间响应并赶往现场，同时通知宣传部门、相关学院和学生工作部门，公安、司法等机关也将参与处理事件。

02 现场处置

有关人员须迅速赶到现场进行处置，主要包括统筹指挥、信息上下传导和舆情应对处理等工作。

03 善后处理

处理学生意外伤害事件需要高校与司法、公安机关和教育部门等的配合。司法部门须发挥法治宣传、化解矛盾、教育引导学生家属及亲友理性表达诉求和消除纷争的功能。在处理过程中，须考虑到隐私保护和司法程序的保密性，确保信息传导的准确性，避免谣言传播，以免引起不必要的群体性事件和不良社会影响。

五、教育贴士

四大应急电话拨打指南

一、认识120

120是我国的急救电话号码。当遇到突发急症或意外伤害时,应立即拨打该电话,以寻求急救中心、急救站或附近医疗机构的帮助。拨打方法如下。

(1)告知接线员目的,例如,"这里有病人(伤员),需要救护车"。

(2)描述病情及发生时间,提供患者的大致年龄、性别等信息。

(3)告知详细的地址,包括区、街道、小区(胡同)、楼号、单元及门牌号,也可借助显著的地标进行描述。

在特殊情况下,如心脏骤停等危重情况,120调度员会通过电话指导现场人员进行心肺复苏,此时应听从指导实施心肺复苏。若遇到大型事故灾难,如煤气泄漏、火灾、爆炸等导致群体伤情时,应尽量提供受伤人数、伤势和事故原因。

二、认识119

119是我国的消防报警电话,用于火灾、危险化学品泄漏、道路交通事故、地震、建筑坍塌、重大安全生产事故、空难、爆炸、恐怖事件、群众遇险事件等各类紧急情况。遭遇火灾时,报警方法如下。

(1)准确报出失火的地址,如路名、小区、楼号、单元及门牌号等,或提供地理位置、周围明显的建筑物或道路标志。

(2)简要说明火灾的原因和范围,包括因何起火、是否有人被困、是否有爆炸或毒气泄漏等。

(3)告知自己的姓名和联系电话,以便接警中心与你联系。

(4)派人到路口等候消防车,引导消防车迅速到达消防现场。同时应迅速组织人员疏通消防车道,清除障碍物,以便消防车到达后能立即进入最佳位置进行灭火。若火灾现场有新的变化,应立即拨打电话告知接警中心,以便对方调整力量部署。

三、认识110

110是我国公安报警电话,负责受理紧急性的刑事和治安案件以及群众突遇或无力解决的紧急危难求助等。报警方法如下。

(1)说明求助或案发地的确切地址,以便指挥中心有效调拨警力,节约出警时间。如为求助,应告知求助原因;如发生案件,应描述歹徒人数、特征、作案工具、现场状况、交通工具及逃跑方向等情况。

(2)告知自己的姓名和联系电话以便公安机关与你联系。

(3)在条件允许的情况下,报警后要在报警地点守候并保护好现场,如在不宜说话的紧急情况下,可使用12110短信报警。报警时,应将手机调至静音无振动状态后发送报警短信，简要说明地址及案件性质等情况。如不方便接听电话，要在短信中强调并及时关注短信回复。

四、认识 122

122 报警服务台是我国公安交通管理机关，是为受理群众交通事故报警电话，指挥调度警员处理各种报警、求助，以及受理群众对交通管理和交通民警执法问题的举报、投诉、查询等而设的部门。报警方法如下。

（1）报告事故发生的地点、时间、车型、车牌号码、事故起因、有无发生火灾或爆炸、有无人员伤亡、车辆运载是否有危险物品、事故车辆能否移动、事故车辆是否起火等情况。

（2）告知接警员自己的姓名、联系电话，以便后续取得联系。

（3）挂断电话后要主动保护现场。

五、注意事项

（1）耐心等待莫挂机：拨打这四个电话时会有语音提示，如拨打 120 时会听到"你已进入 120 急救系统，请不要挂机"的循环语音提示，说明电话已拨通，如果暂无人工接听，不要轻易挂机，而应耐心等待。

（2）条理清晰讲要点：为保证报警信息完整，在拨打电话过程中要保持冷静，条理清晰地讲明要点；在接警员提问时做到有问必答，不乱插话。

（3）得到提示再挂断：拨打完电话之后，在得到接警员提示后方可挂断电话。

（4）如非紧急莫占用：这四个电话均属于紧急类公共服务热线，非紧急情况下不要占用资源，如个人健康管理、慢性病的药物调整、日常门诊就医指导等就不应拨打 120 急救电话。

六、情境课堂

七、知识测验

1. 四大应急电话分别是_____、_____、_____、_____。

2. 集体外出的流程有哪些？请简要概述。

第七章

网络安全

第一节　警惕信息泄露　维系网络安全

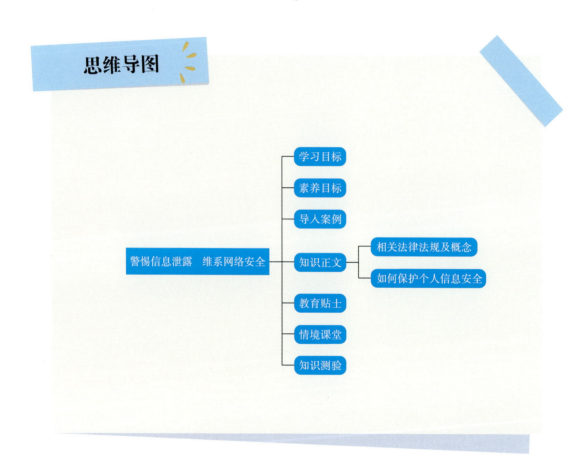

一、学习目标

通过本节课的学习，学生能够了解个人信息安全的概念，了解保护个人信息安全的重要性，学习个人信息保护的方法。

二、素养目标

培养学生保护个人信息安全意识。

三、导入案例

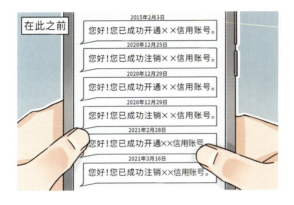

四、知识正文

（一）相关法律法规及概念

《中华人民共和国民法典》第一千零三十四条第一款：

> 个人信息是以电子或者其他方式记录的能够单独或者与其他信息结合识别特定自然人的各种信息，包括自然人的姓名、出生日期、身份证件号码、生物识别信息、住址、电话号码、电子邮箱、健康信息、行踪信息等。

《中华人民共和国民法典》第一百一十一条：

> 自然人的个人信息受法律保护。任何组织或者个人需要获取他人个人信息的，应当依法取得并确保信息安全，不得非法收集、使用、加工、传输他人个人信息，不得非法买卖、提供或者公开他人个人信息。

《中华人民共和国民法典》第一千零三十八条：

> 信息处理者不得泄露或者篡改其收集、存储的个人信息；未经自然人同意，不得向他人非法提供其个人信息，但是经过加工无法识别特定个人且不能复原的除外。信息处理者应当采取技术措施和其他必要措施，确保其收集、存储的个人信息安全，防止信息泄露、篡改、丢失；发生或者可能发生个人信息泄露、篡改、丢失的，应当及时采取补救措施，按照规定告知自然人并向有关主管部门报告。

《中华人民共和国刑法》第二百五十三条第一款：

> 违反国家有关规定，向他人出售或者提供公民个人信息，情节严重的，处三年以下有期徒刑或者拘役，并处或者单处罚金；情节特别严重的，处三年以上七年以下有期徒刑，并处罚金。

《中华人民共和国个人信息保护法》 是为了保护个人信息权益，规范个人信息处理活动，促进个人信息合理利用而制定的法律，自2021年11月1日起施行。

该法明确了个人信息的概念和处理规则，对处理人脸信息等敏感个人信息进行规制，强调不得过度收集个人信息，禁止商家通过自动化决策"大数据杀熟"，对公共场所安装图像采集、个人身份识别设备做出规范。

（二）如何保护个人信息安全

1. 强化密码安全

密码安全是保护个人信息安全的第一步。选择复杂的密码，不要使用个人生日或家人生日等较为简单的密码。及时更换密码，注意防止验证码信息、人脸信息等泄露。

2. 不要随意泄露个人信息

使用互联网产品时注意保护自己的个人信息，不要随意将个人信息泄露给陌生人或不可信的网站。在网上购物或注册账号时，应仔细阅读隐私政策，并慎重决定是否允许网站收集个人信息。

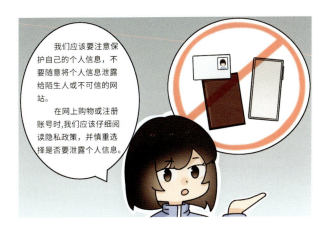

3. 定期清理浏览器缓存

浏览器是我们使用互联网最常用的工具，浏览器上的浏览记录、网站登录信息等如果不及时清理有可能会被盗用。为保护个人隐私，应定期清理浏览器缓存，或者开启无痕浏览，特别是在使用公共电脑或公共网络时更应该注意。

4. 安装杀毒软件

在电脑上安装杀毒软件，并且及时更新，防止电脑被病毒攻击。此外，我们还应该定期扫描电脑，以确保电脑没有被病毒感染。插入 U 盘或硬盘时注意检查插入设备是否中毒，并及时清理文件。

5. 注意"网络钓鱼"

"网络钓鱼"是一种常见的网络攻击方式，攻击者会伪装成我们信任的网站或者发送伪造的邮件，以获取我们的个人信息。我们应该注意邮件的发送者、邮件内容和链接的真实性，以避免被"网络钓鱼"攻击。

6. 使用加密链接

我们在网上购物或者在网上银行等进行涉及个人信息的操作时，最好使用加密链接，以免我们的信息被窃取，可以通过 HTTPS 等加密方式来保护我们的个人信息安全。

综上所述，保护个人信息安全需要我们从多个角度来考虑，我们应该强化密码安全，不要随意泄露个人信息，定期清理浏览器缓存，安装杀毒软件，注意"网络钓鱼"，使用加密链接。只有这样，我们才能更好地保护个人信息安全。

五、教育贴士

我国的法律法规是严格保护我国公民的个人信息安全的，我们作为公民也需要在日常生活中注意保护自己的信息，在遇到侵权行为的时候及时处理。需要注意的是，在保护个人信息方面要避免疏忽大意，防止个人信息无意识地被泄露。

六、情境课堂

七、知识测验

（一）填空题

1.《中华人民共和国个人信息保护法》自_____年_____月_____日起施行。

2. 保护个人信息安全的方法包括：

_____、_____、_____、

_____、_____等。

（二）判断题

1. 身份证复印件要标注用途。（　　）

2. 个人信息泄露会给不法分子提供实施网络诈骗、网络犯罪的机会。（　　）

3. 不需要文件共享时，关闭文件共享功能，避免不法分子利用文件共享获取相关信息。（　　）

第二节　谨防电信网络诈骗

教学视频

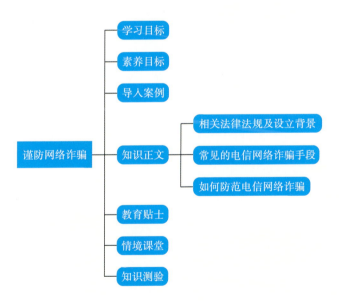

一、学习目标

通过本节课的学习，学生能够了解电信网络诈骗的危害，提高学生对电信网络诈骗的辨别能力,引导学生在日常生活中提高警惕和防范意识,熟悉相关法律法规。

二、素养目标

培养学生的反诈能力,培养学生的反诈意识。

三、导入案例

××电信网络诈骗案

案例中,徐某某与其母亲因缺乏个人信息保护意识,轻易相信他人,结果被不法分子利用,被骗走钱财,导致悲剧发生。

电信网络诈骗 是指以非法占有为目的,利用电信网络技术手段,通过远程、非接触等方式,诈骗公私财物的行为。

四、知识正文

（一）相关法律法规及设立背景

《中华人民共和国反电信网络诈骗法》：

> 于 2022 年 9 月 2 日在十三届全国人大常委会第三十六次会议表决通过，共七章五十条，包括总则、电信治理、金融治理、互联网治理、综合措施、法律责任、附则等。《中华人民共和国反电信网络诈骗法》规定了反电信网络诈骗工作的基本原则；完善电话卡、物联网卡、金融账户、互联网账号有关基础管理制度；建立电信网络诈骗反制技术措施，统筹推进跨行业、企业统一监测系统建设，为利用大数据反诈提供制度支持。此外，还加强对涉诈相关非法服务、设备、产业的治理；加强其他有关防范措施建设。明确法律责任，加大惩处力度。

《中华人民共和国刑法》：

> 第二百六十六条　诈骗公私财物，数额较大的，处三年以下有期徒刑、拘役或者管制，并处或者单处罚金；数额巨大或者有其他严重情节的，处三年以上十年以下有期徒刑，并处罚金；数额特别巨大或者有其他特别严重情节的，处十年以上有期徒刑或者无期徒刑，并处罚金或者没收财产。本法另有规定的，依照规定。

（二）常见的电信网络诈骗手段

1. 冒充相关工作人员

冒充工作人员进行电信诈骗的手段比较常见，通常以收取年费或欠费、收集信息、发放优惠政策、用户升级、涉及案件等理由向受害者收取个人信息或者引导受害人进行转账。

2. 以网络退货、退票等理由进行诈骗

犯罪嫌疑人以受害人购买过的商品、火车票、机票等有特殊情况需要退货、退款为由，引导受害者提供账户和个人信息，最终利用受害者的信息进行身份盗用，实施网络诈骗。

3. 冒充好友、家人、领导、熟人进行诈骗

冒充嫌疑人好友、家人、领导、熟人在电话或社交媒体中进行借钱、恐吓、勒索钱财；或称受害者家人生病入院急需用钱，引导受害者打钱。

4. 利用中大奖、虚假广告信息进行诈骗

在网络购物中增加中奖券或通过短信发送虚假广告、中奖信息，引导受害人点击网址，一经点击将进入不良网站。

5. 利用高薪招聘进行诈骗

通过发布高薪招聘，吸引受害人关注，然后引导其向指定账户汇入一定培训费、服装费等费用；或利用受害者想获得高薪的心理引导受害者去境外进行电信诈骗工作。

（三）如何防范电信网络诈骗

01 不轻信

不要轻信来历不明的电话和手机短信，不管不法分子使用什么花言巧语，都不要轻易相信，要及时挂掉电话，不回复手机短信，不给不法分子进一步布设圈套的机会。

02 不透露

巩固自己的心理防线，不要因贪小利而受不法分子或违法短信的诱惑。无论什么情况，都不向对方透露自己及家人的身份信息、存款、银行卡等情况。如有疑问，可拨打110求助咨询，或向亲戚、朋友、同事核实。

03 不转账

学习了解银行卡常识，保证自己银行卡内资金安全，决不向陌生人汇款、转账；面对公司财务人员和经常有资金往来的人群等，在汇款、转账前，要再三核实对方的账户，不要让不法分子得逞。

04 不点击

收到陌生短信含有网址的，例如中奖信息、会员填报信息等网址，不要点击。

05	不回拨

未接陌生来电，有标记诈骗、销售等来电不要回拨，如果真有事找到本人的，一般会再次拨打或者其他方式进行联系。

06	及时报案

万一上当受骗或听到亲戚朋友被骗，请立即向公安机关报案，可直接拨打96110，并提供骗子的账号和联系电话等详细情况，协助公安机关开展侦查工作。

五、教育贴士

　　树立反诈骗意识，下载国家反诈中心 App。国家反诈中心 App 能免费为我们提供防骗保护，当收到涉嫌诈骗的电话、短信、网址等，可以智能识别骗子身份并及时预警，降低受骗的可能性。如果接到 96110 这个号码的来电，说明本人或家人正遭遇电信网络诈骗，或者属于易受骗的人群。如果遇到疑似电信网络诈骗，可以致电 96110 进行咨询。如果发现涉及电信网络诈骗的违法犯罪线索，可以拨打该号码进行举报。

　　国家反诈中心提醒您：96110 是官方预警劝阻专线，如接到该号码打来的预警电话，请您一定要及时接听，耐心听取民警的劝阻提示，避免上当受骗。

六、情境课堂

七、知识测验

（一）填空题

1. 如遇电信网络诈骗可拨打_____。
2. 树立反诈骗意识，可以下载_____App。

（二）判断题

1. 购买的商品需要再次填写个人信息，为了保护个人信息安全，先联系商家再决定。（　）
2. 中国移动发送短信显示话费不足，这不属于电信诈骗。（　）

教学视频

第三节　捍卫说话权利　拒绝网络暴力

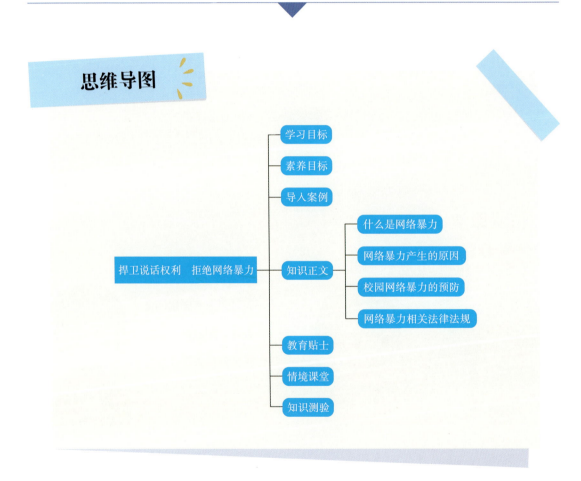

一、学习目标

通过本节课的学习，学生能够认识网络暴力的危害，以及网络暴力违法犯罪的相关法律法规。引导学生正确使用网络，对危害社会和校园秩序的网络暴力行为有一定认知。

二、素养目标

引导学生杜绝网络暴力，不传谣、不造谣、不信谣，从自身做起，维护网络环境和谐。

三、导入案例

四、知识正文

（一）什么是网络暴力

网络暴力　是一种危害严重、影响恶劣的暴力形式，它是指一类由网民发表在网络上的并且具有"诽谤性、诬蔑性、侵犯名誉、损害权益和煽动性"这五个特点的言论、文字、图片、视频。

网络暴力行为类型复杂多样，危害程度差异较大。2022年，为切实加大网络暴力治理力度，进一步压实网站平台主体责任，健全完善长效工作机制，有效保障广大网民合法权益，维护文明健康的网络环境，中央网信办印发《关于切实加强网络暴力治理的通知》。

（二）网络暴力产生的原因

近年来，我国互联网发展飞速，由于网络暴力所要付出的成本较低，同时缺乏规范的网络监管，以及年轻网民更加个性和容易冲动，在物质条件满足的情况下，一些人在网络中放纵自己。虚拟的互联网使参与者们可以隐瞒或编造自己的身份，原本在现实生活中的自我道德约束在网络中逐渐丧失。

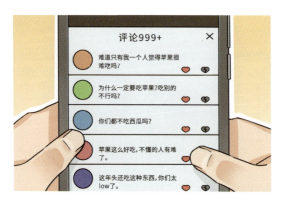

加之，一些商业利益在互联网中推波助澜。人们为了追求点击率和引导舆论，经常会在网络媒体上策划一些话题，增加讨论度和关注度，甚至出现很多恶意营销导致网络暴力的现象。

同时，很多明星艺人的影响效应使得年轻网民为之"打榜"增加人气，创造话题。由于大学生对事物的判断还不够成熟，会被一些经纪公司或者商家利用。从一些网络暴力事件中，我们发现大学生在网络活动中极其缺乏正确引导。

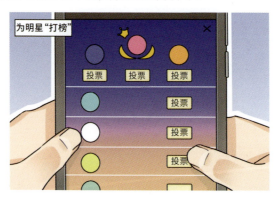

（三）校园网络暴力的预防

1. 提高学生思想意识，净化网络环境

教育是社会稳定的根本，应注重学生的德育，培养学生良好品行，注重学生心理辅导，使学生拥有完善、健康的人格。通过个别教育促进集体教育的形成与发展，同时也利用集体力量来教育个人，使用文明的公共话语，营造良好的舆论环境。通过有效的宣传教育，增强学生的分辨能力、选择能力和对低俗文化的免疫力。提高学生的道德自律意识，培养学生健全的人格和健康的心态。

2. 借助法律法规，规范线上线下言行

传播积极、健康的网络文化，加大学生思想道德教育力度，发挥思想意识的先进作用，运用相关法律法规促进学生规范线上线下言行。

（四）网络暴力相关法律法规

2023 年 9 月 25 日，最高人民法院、最高人民检察院、公安部联合发布《关于依法惩治网络暴力违法犯罪的指导意见》（以下称《意见》）。《意见》要求：

> 对网络暴力违法犯罪，应当体现从严惩治精神，让人民群众充分感受到公平正义。要重点打击恶意发起者、组织者、恶意推波助澜者以及屡教不改者。实施网络暴力违法犯罪，具有以下五种情形之一的，依法从重处罚：针对未成年人、残疾人实施的；组织"水军""打手"或者其他人员实施的；编造"涉性"话题侵害他人人格尊严的；利用"深度合成"等生成式人工智能技术发布违法信息的；网络服务提供者发起、组织的。

《意见》规定：

> 检察机关对严重危害社会秩序和国家利益的侮辱、诽谤犯罪行为，应当依法提起公诉，对损害社会公共利益的网络暴力行为可以依法提起公益诉讼。

《意见》要求：

> 准确适用法律，针对网络暴力的不同行为方式，分别以诽谤罪、侮辱罪、侵犯公民个人信息罪等定罪处罚。

《意见》指出：

> 基于蹭炒热度、推广引流等目的，利用互联网用户公众账号等推送、传播有关网络暴力违法犯罪的信息，符合刑法规定的，以非法利用信息网络罪定罪处罚。网络服务提供者对于所发现的有关网络暴力违法犯罪的信息不依法履行信息网络安全管理义务，经监管部门责令采取改正措施而拒不改正，致使违法信息大量传播或者有其他严重情节，符合刑法规定的，以拒不履行信息网络安全管理义务罪定罪处罚。

《意见》强调：

> 根据刑法第二百四十六条第二款的规定，实施侮辱、诽谤犯罪，严重危害社会秩序和国家利益的，应当依法提起公诉。对于网络侮辱、诽谤是否严重危害社会秩序，应当综合侵害对象、动机目的、行为方式、信息传播范围、危害后果等因素作出判定。

《意见》明确：

> 网络服务提供者对于所发现的网络暴力信息不依法履行信息网络安全管理义务，致使违法信息大量传播或者有其他严重情节，损害社会公共利益的，人民检察院可以依法向人民法院提起公益诉讼。

《意见》还就落实协助取证、加强立案监督、强化衔接配合、促进综合治理等作出明确规定。

五、教育贴士

目前我国网民素质还有待提高，互联网不是法外之地，我们在享受互联网带来的便捷时，也要严格遵守各项法律法规。如果任由网络暴力事件发生，那么会有更多人的隐私和生活将被曝光。我们不能以暴制暴，更不能坐以待毙。"雪崩的时候没有一片雪花是无辜的"，如果不想成为受害者，我们首先要做到不能成为加害者。

六、情境课堂

七、知识测验

（一）填空题

_____年_____月_____日，最高人民法院、最高人民检察院、公安部联合发布《关于依法惩治网络暴力违法犯罪的指导意见》。

（二）判断题

1. 追逐网络热点是一种网络暴力行为。（   ）
2. 隐私泄露及人肉搜索属于网络暴力行为。（   ）
3. 在网络匿名情况下对某人发泄不满、辱骂不属于网络暴力行为。（   ）

第八章

实习就业安全

思维导图

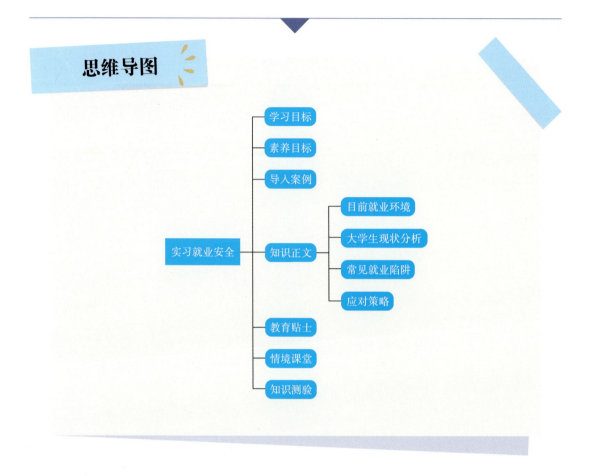

一、学习目标

通过本节课的学习，学生能够清楚认识到当前社会形势、就业趋势和走向，能够认清自己的现状，并识别就业陷阱。了解如何防范非正规面试，以及在不同的情况采取什么样的应对策略。了解就业后如何保护自己的合法权益不受到侵犯。

二、素养目标

学生对于自己的能力有清晰的认识，不要过于浮躁，贪图高薪，而应脚踏实地做自己擅长的工作，慢慢学习成长。时刻牢记职业素养，不做违法乱纪的事情，一步一步努力地完成自己的职业规划。

三、导入案例

四、知识正文

（一）目前就业环境

在新冠疫情过去之后，国际形势复杂，世界经济回落。当前国内就业市场疲软，工作不好找，发展稳定的企业较少，许多企业都处于恢复期，对于应聘者的要求越来越高。教育部公布的数据显示，高校毕业生总规模逐年扩大，有一直增长的趋势。还有一些留学生在疫情过后开始回流，向国内岗位投递简历的海归人才数量与日俱增，就业竞争越来越激烈。

（二）大学生现状分析

大学生刚进入社会找工作时，对自己的职业生涯规划并不是非常清晰，对社会认知不足，容易定位过高，内心不接受市场普遍薪酬，只想找高薪工作，所以给了一些黑心公司和骗子机会。还有一些公司要求工作经验，作为"职场小白"的大学生们并不具有太多的优势。找到工作后，大学生很难沉淀下来去深层次了解这个岗位，找工作时因为着急而忽略了专业对口，所以频繁跳槽也是大学生容易出现的就业问题。

（三）常见就业陷阱

1. 虚假宣传

虚假宣传是指招聘广告中提到的企业注册资金、规模存在过度夸大的情况，岗位薪酬和福利与入职后实际情况不符，模糊了具体的工作内容，甚至工作地点都有极大偏差。入职后"画饼"，承诺条件会越来越好，现在入职都是公司元勋等，麻痹大学生神经，让其对未来充满憧憬。

2. 试用期陷阱

一些企业在面试时没有明确转正时间，或者口头表示看表现再定转正时间。后续工作中迟迟不提转正，一直以各种借口拖延，其真实意图就是不想给员工涨工资。这种情况在实习或者刚毕业的大学生中比较常见，很多大学生对劳动法律知识了解不足，所以认为自己是因为表现不够好、工作不够努力才未转正。

3. 非正规渠道招聘

有些大学生容易轻信招聘会现场发的招聘小广告，或者是一些私人的招聘报纸上看到的信息，这些都不是官网招聘或者经过政府核查筛选过的信息，所以很容易出问题。

4. 诈骗传销陷阱

一些企业抓住大学生急于挣钱的心理，用高薪诱惑，涉世未深的大学生容易一时被金钱所迷惑，误入传销组织，逐渐走上犯罪的道路，甚至让自己的亲朋好友牵涉其中，以公司融资的名义让亲朋好友投钱，以股东为诱饵将更多人的"血汗钱"骗来。骗子一旦达到目的可能就一夜消失。这不但让很多无辜的人遭受重大经济损失，对刚入社会的大学生来讲也无疑是一次沉重的打击，让他们原本光明的前途变得暗淡，失去了为未来努力奋斗的信念，心理脆弱者可能会抑郁甚至轻生。

5. 保证金和培训费的陷阱

有些企业在招聘面试后通知被录用的大学生前来办理入职手续，同时要求其缴纳保证金后方可正式入职，承诺在将来离职时提前一个月提出书面离职申请并且满一个月后离职即可返还保证金，为了能够顺利入职，很多大学生不敢不从，于是乖乖缴纳保证金。有的企业提出入职者没有匹配的工作经验，所以必须进行培训，不但培训时间不纳入工作时间，不给工资，而且还要求入职者缴纳培训费，不管将来工作多久都不予返还。

6. 劳动合同陷阱

经验不足的大学生被企业各种口头承诺打动，但企业不会签订任何书面条款，一旦出现问题或者到了真正兑现承诺的时候，企业就翻脸不认人，大学生只能自吞苦果。劳动合同中有时会加入一些霸王条款，比如：工作不满一年不允许离职，离职必须等公司找到合适的人交接，工作中出现了意外要自己承担责任等。

还有"两张皮"合同，即其中一份应付政府相关单位检查，当事人根本不知道这份合同的存在，签字都是炮制的；另外一份是真正的履行合同，对企业更有利。

7. 租用场地面试陷阱

有些企业会在环境较好的商业大厦或者写字楼里临时租赁办公室，面试过程中以此迷惑前来面试的大学生，一旦录用后又以企业租赁到期为理由搬迁。对于新入职的员工来说，他们可能已经在周边安排了住宿，搬迁将会给他们带来较大的麻烦，导致他们要么辞职，要么后续再重新租房。

（四）应对策略

01 了解公司背景信息

现在是信息时代，只要你动动手指，花上几分钟时间，就可以对感兴趣的企业背景进行摸底。可以通过企查查，或者搜索公司名称、企业代码等来获取企业信息。在搜索到该企业信息后，还可以继续深挖关于这家公司的评论，或者通过论坛等平台来看看企业口碑，可以打开公司主页，去了解它的运营情况等。如果决定前往面试，还要注意它的注册地址和实际面试地址是否一致，如果不一致，就要询问清楚。知己知彼，百战不殆。

02 重要证件不离身

前往面试时，准备好身份证、银行卡等重要证件的复印件。当公司提出查验原件时，不能让原件脱离自己的视线，当场看完即要求其归还，不能让其找借口将身份证或者银行卡等重要证件拿走，这种举动是十分危险的，容易埋下祸根。

03 务必重视面试地点

面试的地点如果过于偏僻或者隐秘，请注意多找几个人陪同前往，还要和家人、学校报备企业信息。如果面试前接到临时更改面试地点的电话也要小心应对，谨慎前往，或者要求对方更改为人流量大的场地。关乎自己人身安全的事情都不是小事，可能一个细节就能为自己多增加一份安全保障。

04 拒绝一切不正常的面试邀约

在这个信息时代，完全可以采用视频等方式进行面试。如果公司表示愿意出资让应聘者飞往异地面试，在未录用前就对应聘者进行投资，这个时候请提高警惕，很可能存在面试陷阱。

05 面试时多观察

观察领导和员工之间的对话，同时观察员工的行为，如果感觉员工们所做的工作不是很正常，应找借口抓紧离开。

06 面试官给出的薪酬和提成过高需提高警惕

面试官说话含糊不清，或者给出远远超出大学生目前能力的薪酬待遇时，不要被高薪诱惑冲昏头脑。对自己要有一个清醒的认识，不要相信天上掉馅饼。

| 07 | 不接受任何理由的收费 |

面试时不管是公司提出的工作押金还是培训费都不要缴纳。公司是不能以任何借口向面试者收费的，这是不合法的，所以不要为了找到工作就接受不合理、不合法的要求，这样的公司不值得信赖。

| 08 | 签署书面合同 |

不接受任何口头承诺，面试录用的条件和待遇最终都要形成白纸黑字的合同方可生效，还要注意是否加盖了公司公章。

五、教育贴士

2023年高校毕业生就业补贴政策

高校毕业生是党和国家宝贵的人才资源。党中央、国务院高度重视高校毕业生就业工作，出台了一系列政策措施，促进高校毕业生等青年就业创业。为贯彻落实党中央、国务院关于高校毕业生就业创业工作的决策部署，教育部高校学生司会同相关部门编印了《高校毕业生等青年就业创业政策汇编》（以下简称《汇编》），帮助广大高校毕业生和用人单位知晓政策、享受政策，更好助力高校毕业生就业创业。

《汇编》系统梳理了国家有关部门出台的促进高校毕业生就业创业现行政策，聚焦高校毕业生求职就业需求，分为企业就业、基层就业、自主创业、能力提升、应征入伍、就业见习、就业服务、就业手续、权益维护等九方面内容。为便于高校毕业生和企业快速查阅相关政策，《汇编》还归纳整理了就业有关政策清单，包括6项面向企业（单位）吸纳高校毕业生就业的补贴、税收优惠等政策，以及9项面向高校毕业生的补贴、资助等政策。

近年来，教育部已部署各地教育行政部门、各高校、全国高校毕业生就业创业指导委员会面向企业、园区、高校、社区等，集中开展就业政策宣传活动。后续还将在教育部官方网站、国家大学生就业服务平台及有关招聘机构网站，陆续推出各地促进高校毕业生就业的政策摘录汇编，帮助广大毕业生和用人单位了解政策用足用好政策。

六、情境课堂

七、知识测验

（一）多选题

1. 就业过程中有哪些常见就业陷阱？（　　）

A. 虚假宣传　　　　　　B. 非正规渠道招聘　　　　C. 诈骗传销陷阱

D. 劳动合同陷阱　　　　E. 试用期陷阱

2. 面试前如何对公司背景信息进行了解？（　　）

A. 企查查网站　　　　　B. 搜索企业名称　　　　　C. 搜索企业代码

D. 到公司现场询问　　　E. 企业相关论坛

（二）判断题

1. 口头承诺同样有效，不一定要签合同。（　　）

2. 面试时身份证、银行卡等重要证件的原件不要离开自己的视线。（　　）

3. 在比较繁华地段开设的公司一定非常有实力。（　　）

4. 招聘广告中提到的企业注册资金、企业规模、岗位薪酬等情况肯定全部是真实的。（　　）

5. 企业向刚入职的大学生收取保证金和培训费是不合理的。（　　）

教学视频

参 考 文 献

[1] 《国家安全知识百问》编写组. 国家安全知识百问 [M]. 北京：人民出版社，2020.

[2] 高茹. 幸福课—大学生心理健康教育 [M]. 南京：南京大学出版社，2014.

[3] 高峰，石瑞宝. 大学生心理健康教育 [M]. 北京：清华大学出版社，2020.

[4] 李海垒，张文新. 心理韧性研究综述 [J]. 山东师范大学学报（人文社会科学版），2006（3）.

[5] 彭凯平. 激发幸福能量的"五施法" [EB/OL].（2022-10-21）[2024-3-1].https://mp.weixin.qq.com/s/qsLR-JChriaQ5qghux3X8Q.

[6] 长沙理工大学心理健康中心. 大学生心理危机及应对 [EB/OL].（2021-3-20）[2024-3-1]. http://www.csust.edu.cn/xljkjyzx/info/1046/1693.htm.

[7] 张平. 常见的大学生心理危机有哪些 [EB/OL].（2020-12-16）[2024-3-1].https://xue.baidu.com/okam/pages/strategy/index?strategyId=141030309237996&source=natural.

[8] 周老师. 大学生心理危机解读 [EB/OL].（2018-7-24）[2024-3-1].https://mp.weixin.qq.com/s/7Fw1OG6UfC4ILZEwxe61eQ.

[9] 宋扬. 大学生安全教育 [M]. 北京：人民邮电出版社，2021.

[10] 钟名湖，朱亚敏. 大学生安全教育 [M]. 北京：高等教育出版社，2021.

[11] 莫关耀. 毒品预防教育教学参考 [M]. 长春：吉林大学出版社，2018.

[12] 贾东明. 青少年毒品预防教育 [M]. 武汉：湖北科学技术出版社，2021.

[13] 王从斌. 海南省学校毒品预防教育读本：大学版 [M]. 南京：江苏人民出版社，2017.

[14] 孟霄霄. 群众性活动组织者的安全保障义务——基于裁判文书网 206 件案例的实证分析 [D]. 贵阳：贵州大学，2022.

[15] 周丽平. 野外体育赛事安全风险管理优化研究——以"5.22"甘肃越野安全事故为例 [D]. 上海：华东师范大学，2022.

[16] 白馨靖. 论文体活动组织者的安全保障义务 [D]. 武汉：中南财经政法大学，2022.

[17] 张方红. 论体育活动组织者的安全保障义务 [D]. 苏州：苏州大学，2022.

[18] 何杏彤. 大学生安全教育实证研究——以 S 大学为例 [D]. 临汾：山西师范大学，2019.

[19] 李易宸. 在校大学生安全意识现状及管理研究——以 H 大学为例 [D]. 保定：河北大学，

2020.

[20] 梁辉. 高校学生安全管理立法研究 [D]. 宁波：宁波大学，2020.

[21] 严列翔. 学生校内活动意外受伤事件案例剖析 [J]. 教书育人，2022(5).

[22] 李建宇. 大学生安全教育读本 [M]. 昆明：云南大学出版社，2017.

[23] 夏少辉. 一路护航 大学生安全知识读本 [M]. 苏州：苏州大学出版社，2018.

[24] 刘长青. 大学生安全教育读本：平安·和谐校园 [M]. 苏州：苏州大学出版社，2018.

[25] 浙江法治. 杭州互联网法院发布个人信息保护十大典型案例 [EB/OL].（2022-8-20）. https://m.thepaper.cn/baijiahao_19541224.

[26] 海口日报.@ 海口人 如何应对网络安全问题？这些人信息要保护好→ [EB/OL].（2020-9-20）[2024-3-1].https://mp.weixin.qq.com/s/tZs4X3ic6caJnwuCBPoJ_w.

[27] 海南省人民政府. 海南省反诈骗中心：开学季，谨防电信诈骗！ [EB/OL].（2020-9-14）[2024-3-1].http://www.hinews.cn/news/system/2020/09/14/032417027.shtml.

[28] 中国科学技术大学学生会. 远离网络暴力，共建和谐校园 [EB/OL].（2023-8-29）[2024-3-1].https://mp.weixin.qq.com/s/ac2g9MxVj-I8b-LVBjIL8w.

[29] 赵君玉，王晓丽，陈晓玉. 浅析大学生就业陷阱的表现成因及规避举措 [J]. 人才资源开发，2017（24）.

[30] 赵良铃. 大学生择业焦虑和职业探索行为的关系：金钱崇拜的中介作用 [J]. 心理月刊，2023(4).

[31] 殷艳. 高校就业指导服务存在的问题及对策——基于"互联网+"背景 [J]. 太原城市职业技术学院学报，2023(9).

[32] 刘益丰. 就业竞争力视域下的大学生就业教育研究 [J]. 四川劳动保障，2023(7).

[33] 徐志文. 精准服务，提升高校毕业生"慢就业"群体就业质量 [J]. 中国就业，2022(11).

[34] 马利强，利爱娟. 大学生就业问题调查研究 [J]. 法制与社会，2019(6).

教学支持说明

为了改善教学效果,提高教材的使用效率,满足高校授课教师的教学需求,本套教材备有与纸质教材配套的教学课件(PPT电子教案)和拓展资源(案例库、习题库视频等)。

为保证本教学课件及相关教学资料仅为教材使用者所得,我们将向使用本套教材的高校授课教师免费赠送教学课件或者相关教学资料,烦请授课教师通过电话、邮件或加入旅游专家俱乐部QQ群等方式与我们联系,获取"电子资源申请表"文档并认真准确填写后发给我们,我们的联系方式如下:

地址:湖北省武汉市东湖新技术开发区华工科技园华工园六路

邮编:430223

电话:027-81321911

传真:027-81321917

E-mail:lyzjjlb@163.com

旅游专家俱乐部QQ群号:758712998

教学资源申请表

填表时间：_____年___月___日

1. 以下内容请教师按实际情况填写，★为必填项。
2. 学生根据个人情况如实填写，可以酌情调整相关内容提交。

★姓名		★性别	□男 □女	出生年月		★职务	
						★职称	□教授 □副教授 □讲师 □助教

★学校		★院/系	
★教研室		★专业	
★办公电话		家庭电话		★移动电话	
★E-mail				★QQ号/微信号	
★联系地址				★邮编	

★现在主授课程情况	学生人数	教材所属出版社	教材满意度
课程一			□满意 □一般 □不满意
课程二			□满意 □一般 □不满意
课程三			□满意 □一般 □不满意
其 他			□满意 □一般 □不满意

教 材 出 版 信 息			
方向一		□准备写 □写作中 □已成稿 □已出版待修订 □有讲义	
方向二		□准备写 □写作中 □已成稿 □已出版待修订 □有讲义	
方向三		□准备写 □写作中 □已成稿 □已出版待修订 □有讲义	

请教师认真填写下列表格内容，提供申请教材配套课件的相关信息，我社根据每位教师/学生填表信息的完整性、授课情况与申请课件的相关性，以及教材使用的情况赠送教材的配套课件及相关教学资源。

ISBN（书号）	书名	作者	申请课件简要说明	学生人数（如选作教材）
			□教学 □参考	
			□教学 □参考	

★您对与课件配套的纸质教材的意见和建议有哪些，希望我们提供哪些配套教学资源：